U0493494

西安小史丛书

明清西安城

杜文玉 主编

史红帅 著

西安出版社

图书在版编目（CIP）数据

明清西安城 / 史红帅著. -- 西安：西安出版社，2018.1（2021.4重印）
（西安小史丛书）
ISBN 978-7-5541-2965-4

Ⅰ.①明… Ⅱ.①史… Ⅲ.①西安－地方史－研究－明清时代 Ⅳ.①K294.11

中国版本图书馆CIP数据核字（2018）第023503号

西安小史丛书·明清西安城
XI'AN XIAOSHI CONGSHU · MINGQING XI'ANCHENG

主　　编：	杜文玉
著　者：	史红帅
统筹策划：	史鹏钊　范婷婷
责任编辑：	张增兰　乔文华
责任校对：	王玉民　陈　辉
装帧设计：	冯　波　梅月兰
出版发行：	西安出版社
地　　址：	西安曲江新区雁南五路1868号影视演艺大厦11层
电　　话：	（029）85253740
邮政编码：	710061
印　　刷：	永清县晔盛亚胶印有限公司
开　　本：	889mm×1194mm　1/24
印　　张：	6
字　　数：	92千
版　　次：	2018年1月第1版
印　　次：	2021年4月第2次印刷
书　　号：	ISBN 978-7-5541-2965-4
定　　价：	52.00元

读者购书、书店添货或发现印装质量问题，请与本公司营销部联系、调换。
电话：（029）68206213　68206222

序一

坊间以西安或长安历史为题的著述多矣,为何还要编写并出版这样一本"小史"?这是我在阅读《西安小史》书稿之前心中的一个疑问。可是读完之后,却有了新的认识。

长安作为历史上最具盛名的都城,其特色鲜明,内涵丰富,为世所公认。即便从世界范围看,能够与之媲美的,也不多见。古代长安曾经集中了中国文化的精华,或者说,曾经是中华文化的典型代表。无论是其思想内容,还是其表达形式,皆堪称典范。要理解中国的历史及其同世界其他地区文明的关系,特别是解读中国制度文化的历史,离开了长安这座伟大的城市,恐怕是很难找到正解的。我们完全可以说,在当代中国,地理位置居中、但在感觉上略为偏西的西安,其实是理解中国传统与文化的一把钥匙,从某种意义上说,也是理解当代中国的关键之一。由于这样的历史地位和对于人类文化发展的贡献,有很多人为其著书立说,自是理所当然。

然而,我们能够读到的关于长安或西安历史文化的书籍,还是以严肃的研究类著述居多。这样性质的论者,对于学术研究的进步当然是很好的。可是,如今社会,有很多普通的民众,对中国文化的来龙去脉,以及如何一步步走到今天并不清楚。要回答这样的问题,学者们就应当基于严谨的学术态度,而用通俗易懂的语言,将历史的真实告之世人,从而显著地缩小当代与历史的距离,培育并增进那种本应得到继承，然而事实上却有些淡漠甚至可以说睽违已久的民族历史情感。

在我看来，这正是此谦逊地自名为"小史"，内容却丰富多彩的读物所承载的使命。读完之后，我掩卷而思，甚感作者用心之良苦、匠心之独运。作者是专业人士，学养深厚。有此基础，故全书概念准确，内容丰富，取舍得当，读来令人饶有兴味。一卷在手，费时不多，古长安之历史兴衰及其对于当代的影响，可以有个初步的认识，这一点，是毋庸置疑的。

然而我还要特别指出，本书与许多类似的著述所不同的两个特点。

第一，近代以来，随着社会的变迁，长安文化在许多人看来不过是一种久远的历史存在。当然，国人和世界都不会不注意到古代长安的文化遗存，但注意力更多地停留在物质的或外在的表现方面，长安文化的精神与核心却往往是被忽视的。然而本"小史"却非常重视对内在精神文化的解读，虽笔墨不多，用语也并不佶屈聱牙，然有其深意在焉。我们知道，历史上所有伟大的城市，之所以千古留名，从根本上说，是因其体现了某种足以反映时代特征的伟大思想和精神。我们说起长安，就会情不自禁地联想到汉唐气象，这说明长安具有有别于其他古代城市的特殊精神气质。而其空间格局和建筑的样式等等，只不过是其思想与精神气质的外在表现，是思想与精神气质的物化。这一点，如果本书的读者稍加留意，是一定会注意到的。

　　第二，本书作者在娓娓道来之际，给自己确定了一个相当高的学术品格。这个品格除了以严谨的态度尊重历史事实之外，还体现为其视野和胸怀。我曾在另外一个场合说过，长安学的研究应当遵循一个基本原则，即要有历史起点、当代情怀和世界眼光。所谓世界眼光，是说解读长安或西安的历史，必须要超越今日西安的空间范围。换言之，我们不能坐井观天，而必须换个角度回望自己的历史。舍此，我们其实无法准确地解读长安或西安在中国历史甚至世界历史上的地位与影响。我相信，如果读者明白了这一点，就不会对本"小史"中的某些内容远离关中中部这个相对狭小的地理空间而感到诧异了。

　　总之，这是一套好书，我愿意向各位郑重推荐。我相信借助此书，我们一定能够同作者一起，分享根植于我们灵魂深处的对于西安、对于祖国、对于人类文明的深厚情感。

萧正洪

（中国古都学会会长）

2015 年 7 月 30 日

序二

西安古称长安，是我国乃至世界著名的古都，历史文化积淀十分深厚，是各国人民来华旅游必赴的目的地之一。为了弘扬陕西及西安悠久的文化、扩大宣传，西安曲江出版传媒股份有限公司组织专家学者撰写了一套名为《西安小史》的丛书，于2016年初正式出版。这套小丛书由六册书组成，分别是《汉长安城》《隋唐长安城》《西安十三朝》《西安历史名人》《西安文化名人》《汉唐丝绸之路》等，从宏观的角度向广大读者介绍了西安的地理、历史、文化以及以长安为起点的汉唐丝绸之路的情况。丛书涉及了近三千年的历史发展变化情况以及众多的历史人物，其中有许多著名的甚至具有世界影响的人物，反映了不同历史时期西安在文化方面所取得的辉煌成就。这套丛书出版以后，引起了热烈的反响，获得了专家学者以及广大读者的好评。

由于西安地区历史文化积淀深厚，一套丛书远远不能反映其历史的全部情况，同时受《西安小史》成功的激励，西安曲江出版传媒股份有限公司遂决定继续扩充这套丛书，仍由我担任主编。这一期《西安小史》每册书反映一个主题，其主要内容如下：

《明清西安城》：主要记述了明初西安城的扩建以及明秦王府城的建立、城市内部格局的变迁，如钟楼的移建、鼓楼的兴建、增筑关城，及首次形成门三重、楼三重的严密防御体系；清代对城墙的多次修葺工程，以及对护城河的多次疏浚，满城的修建，军政机构的兴置等。除此之外，还对这一时期西安的水陆交通、园林胜迹、文化教育、宗教信仰、商业贸易、对外交流等方面的情况，都有详尽的描述。

《文物精粹》：由于西安作为中国历史上最为古老亦是建都时间最长的都城，留下了辉煌灿烂的文物珍宝，本册主要选取了其中最有代表性、大都属于国宝级的文物。每件文物作为一个专题，详细地介绍其来历、造型、工艺等，尝试通过文物反映中华民族的悠久历史和灿烂文化，展现了我们祖先高超的手工业制造水平和精湛的工艺技艺，增强民族自豪感。

《寺庙道观》：西安作为我国古代著名的都市，宗教文化十分发达，在历史上有许多世界性的宗教都在这里传播过，除了佛教、道教外，伊斯兰教、火袄教、摩尼教、景教等，都在这里留下了许多遗迹。其中以佛教与道教的遗存最多，对前者而言，西安地区曾是全国的佛教中心，在八大佛教宗派中，六个宗派的祖庭都在西安。至于道教在全国的影响也是很大的，楼观派与全真派都诞生在西安地区，隋唐时期最著名的道观大都集中于西安，曾产生过广泛的影响。其他宗教遗存也很多，如著名的《大秦景教流行中国碑》、大秦寺塔等。本册对这些宗教寺观的起始、沿革、变迁以及建筑特点、所持的宗教理论等，均详细地进行了介绍。

《历史名居》：西安作为十三朝古都，曾经有许多历史名人居住过，留下了不少建筑遗存，即使一些遗迹已荡然无存了，但是其居所的地理标识在今天仍然能够寻找得到。为了追寻这些著名人物的足迹，我们专门策划了这一选题，查阅了大量的历史资料，把历代名居情况作了详细的梳理，并且把围绕这些名居的人物和故事也作了一些介绍。

《历代陵墓》：自周秦汉唐以来，西安地区曾经埋葬了许多帝王将相，有人曾以"东方帝王谷"相称，这些陵墓见证了沧海桑田，也留下了历史的斑斑印记。其中最著名的有黄帝陵、秦始皇陵、汉阳陵、汉茂陵、汉杜陵、唐昭陵、唐乾陵等。此外，还有大量的历史名人墓，如扁鹊墓、白起墓、霍去病墓、董仲舒墓、魏徵墓、上官婉儿墓、郭子仪墓、杨贵妃墓等。即使在两宋、明清时期，西安也有不少名人墓，如寇准墓、张载墓、明秦王墓群、李柏墓、王鼎墓等。本册主要围绕着这些陵墓，对其地理方位、墓葬特点、人物故事，包括陵墓园区内的石质雕塑的艺术特点等，都进行了较为详尽的介绍。

除了以上这些情况外，从总体上来看，这一套丛书还具有以下几个方面的共同特点：

首先，丛书依照《西安小史》的编撰特点，每册书约有百十个条目，每个条目约有数百字，把这一专题的相关内容简明扼要地介绍出来。因此，文字流畅，内容精练，知识性强，是本丛书的鲜明特点。

其次，每册书均收有数十幅非常精美的相关图片，与专题的内容十分切合，有助于读者更加直观地了解相关历史知识。因此，图文并茂，简明易懂，是本套丛书的又一个明显的特点。

再次，知识性强，信息量大。我们这套丛书的作者都是西安地区高等院校、文物考古部门的专家学者，均有博士学历，具有多年的教学或研究经历，在各自的相关领域取得了可喜的研究成果，且年富力强，思想敏锐。他们长期在西安当地工作，对本地的历史文化有着透彻的理解，掌握了丰富的资料，承担这套丛书可以说是驾轻就熟、得心应手。这也是我们对这套丛书有信心取得成功的一个重要原因。

需要指出的是，本套丛书与相关学术著作有着很大的不同，除了都强调科学性、知识性外，简明扼要，追求历史文化知识的普及性，最大限度地为广大读者服务，促进西安地区旅游事业的发展，弘扬我国悠久的历史与文化，是我们的重要目的。

杜文玉

（中国唐史学会副会长、陕西师范大学教授）

2017 年 11 月 17 日

目录

城池坊里

明初拓城 …………………………………… 1

兴建鼓楼 …………………………………… 3

秦王府城 …………………………………… 4

张祉甃城 …………………………………… 7

钟楼移建 …………………………………… 9

增筑关城 …………………………………… 11

西安满城 …………………………………… 13

西安南城 …………………………………… 16

毕沅修城 …………………………………… 17

护城河 ……………………………………… 20

军政机构

总督衙署 …………………………………… 22

巡抚衙署 …………………………………… 25

西安府署 …………………………………… 26

咸宁县署……28

长安县署……30

陕西咨议局……31

西安军装局……33

水陆交通

渭河航运……34

咸阳古渡……36

草滩码头……38

灞桥……39

胜迹园林

龙首渠……42

通济渠……44

西门瓮城大井……46

秦王府园林……47

景龙池……49

莲花池……50

文化教育

正学书院……52

关中书院……53

鲁斋书院……55

养正书院……57

少墟书院……58

陕西高等学堂……59

存古学堂……60

陕西武备学堂……61

陕西法政学堂……63

陕西师范学堂……65

陕西女子师范学堂……66

陕西巡警学堂……67

陕西陆军中学堂……68

三原宏道高等学堂……69

陕西贡院……71

雁塔题名……73

乡试会馆……75

美丽书院……77

日本教习……78

宗教信仰

崇仁寺……80

普光寺……82

广仁寺……83

云居寺·····················85

化觉巷清真寺················86

大学习巷清真寺···············87

大皮院清真寺················89

小皮院清真寺················90

南城清真寺··················91

糖坊街天主教堂···············92

五星街天主教堂···············93

商业贸易

南院门市场··················95

都城隍庙市场················96

商业会馆···················98

城郊市镇··················101

对外交流

李希霍芬··················103

柔克义···················104

敦崇礼···················106

尼科尔斯··················108

小山田淑助·················109

早崎梗吉··················111

足立喜六	112
姜感思	113
罗德存	115
荣安居	117
何乐模	119
桑原骘藏	121
克拉克考察队	122
后记	125

城池坊里

明初拓城

明初西安大城是在宋京兆府城、元奉元路城的基础上加以扩筑拓展而成的。与此同时，城内兴建起规模宏大、城高池深的秦王府城。王城与大城构成了内外双重城，这是明清西安城空间格局的第一次重大变化。

明洪武二年（1369）三月，大将徐达攻占元奉元路，奉元城遂改称西安城。西安作为西北区域中心城市和军事重镇，是明朝军队向西北出击、荡平元朝残余势力的后方基地。而宋元旧城城区狭小，难以容纳大量驻军和其他人员，城池扩展势在必行。洪武二年九月，朱元璋置临濠（今安徽凤阳）为中都时，曾把西安作为国都选址之一，充分反映了西安在当时政治格局中的重要地位。洪武年间，朱元璋为巩固全国统治并确保北部边防安全，封诸子至各军政重镇为藩王。次子朱樉受封为秦王，驻守西安，有"天下第一藩封"之称，但此时的西安城空间相对局促，秦王府城的选址与兴建便对西安大城的拓展提出迫切要求。

明初在宋元旧城东北隅兴建秦王府城时，基于朱元璋"秦用陕西台治"的营建要求，依元奉元城东北隅陕西诸道行御

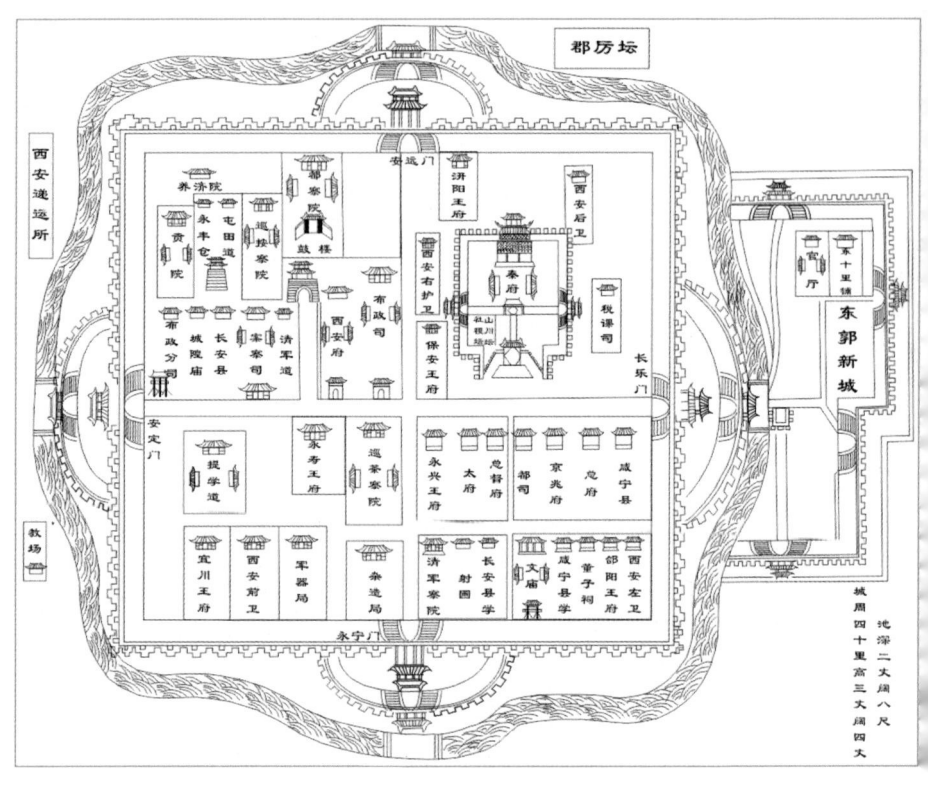

明代西安城图

史台署旧址兴建，以减少营造工程量。洪武四年（1371）至十一年（1378），长兴侯耿炳文、陕西行省参政杨思义、都指挥使濮英等奉命调动军队和百姓，合力向东、向北拓展西安城垣，同时兴建了东关城。大城区面积由约 5.2 平方千米，扩展为 11.5 平方千米。扩展后的西安大城城墙长约 28 里，东关城城墙长约 7.5 里，合计约 35.5 里，因而嘉靖《陕西通志》中概略记为"城周四十里"。扩展后的东北、西北、东南三处城角均呈方形，仅西南城角因作为扩展基点而保留了元代奉元城的半圆形态。

兴建鼓楼

鼓楼是明清西安城中与钟楼并称的标志性建筑，始建于明洪武十三年（1380），是明清时期西安城中重要的报时、报警设施。

明洪武十三年，西安城垣扩展完工后，城池面貌较元代焕然一新。出于传统"晨钟暮鼓"等报时习俗与城市生活需要，秦王和陕西官员便筹划兴建一座能够与规模扩大后的西安城地位相称的鼓楼。据秦愍王朱樉的《起居注》记载，洪武十三年九月初一，主持过西安大城扩展工程的长兴侯耿炳文与秦王府左长史文原吉、右长史汤诚之、陕西布政司左布政王廉、西安府知府王宗周在合议之后，前往秦王朱樉的东殿，向其禀报兴建鼓楼一事。可见鼓楼的兴建在很大程度上属于西安大城扩展的后续配套工程，并且是由秦王府下辖官员与西安府知府等合作施行，这也反映出明代前期秦王府在城市建设中举足轻重的地位。鼓楼竣工之后，建筑高大宏伟，与壮阔的城墙遥相呼应，为西安城增添了雄浑气息。

鼓楼

此后鼓楼于明正统五年（1440）、清康熙三十八年（1699）、乾隆五年（1740）相继重修。乾隆五年，陕西巡抚张楷、布政使帅念祖在农业丰收、百姓安乐的情况下，划拨公帑，命长安县知县王瑞于农闲时节召集工匠重修鼓楼，用崭新的木料替换朽料，把毁损的砖石全部更换。重修竣工后，乾隆皇帝御赐匾额"文武盛地"，由陕西巡抚张楷命人摹写后悬挂楼上。修整后的鼓楼"崇隆敞丽，灿然一新"，成为城内登高观景的好去处，张楷赞叹称："登楼一望，则近而四郊万井，九市百廛，烟连尘合，既庶且富之象，毕陈于几席；远而终南、太乙、二华、九嵕，云开雾隐，献珍效灵之致，群聚于户牖。"

鼓楼楼体建在基座之上，连座通高34米。楼为歇山顶重檐滴水木构建筑，分上、下两层，面宽各7间，连左右明廊共九间，通宽40.3米，进深均为3间，连前后明廊共5间，通深21.5米。楼顶以灰色琉璃瓦覆盖。

秦王府城

明代西安秦王府城与大城内外呼应，共同形成两道城河、三重城墙（大城与秦王府城构成重城，而秦王府城本身又是重城。秦王府城有两道城墙、一道城河，大城有一道城墙、一道城河，所以共计两道城河、三重城墙）的典型重城结构，这是西安城作为明代西北军事、政治重镇的重要景观特征之一。秦王府城作为明洪武十一年（1378）至崇祯十六年（1643）

十四世秦王所居之地，内部布局肃穆严整，建筑庄严华美，园林景致如画。

明洪武初年，太祖朱元璋将次子朱樉封为秦王，其所居的秦王府城自洪武四年（1371）由长兴侯耿炳文督工，开始兴建，至洪武九年（1376）基本竣工，在洪武十一年秦王就藩西安时已完全竣工。

秦王府城在与西安大城构成重城形态的同时，本身也是内外重城结构，内为周长五里的砖城，外有周长九里三分的萧墙，两道城墙之间有城河环绕，引龙首渠水灌注。秦王府城规模宏大，其他藩王府城占地面积与其相较均相形见绌。砖城高二丈九尺五寸，下阔六丈，女墙高五尺五寸，城河阔五丈、深三丈。砖城实际高度约11.5米，比藩王府城的统一规定高出2米多。实测砖城上宽6.5米左右，下宽11.5米左右。洪武四年曾规定，藩王府城墙高二丈九尺，下阔六丈，上阔二丈，女墙高五尺五寸。由此比照可知，秦王府城砖城城墙上阔与规制基本相符，下阔则窄于规制宽度。砖城墙体的这种结构较统一形制更加高耸，且墙壁略呈梯形，坚实浑厚，大大增强了城墙的防御能力。

秦王府城内由中轴线自南而北分为祭祀区、宫殿区与园林区。在砖城与萧墙之间的外围地区，布设有秦王府下辖的众多官署和部分王府军队，为官署、护卫以及服务人员生活区。府城内宫殿屋宇超过了800间，宫殿建筑大量使用来自渭北同官县（今铜川）琉璃厂烧造的青色琉璃瓦。

秦王府城主要宫殿有前殿（承运殿）、中殿（圆殿）、后殿（存心殿）。砖城上的四座城门分别为东门（体仁）、西门（遵义）、南门（端礼）、北门（广智），按照"仁、义、

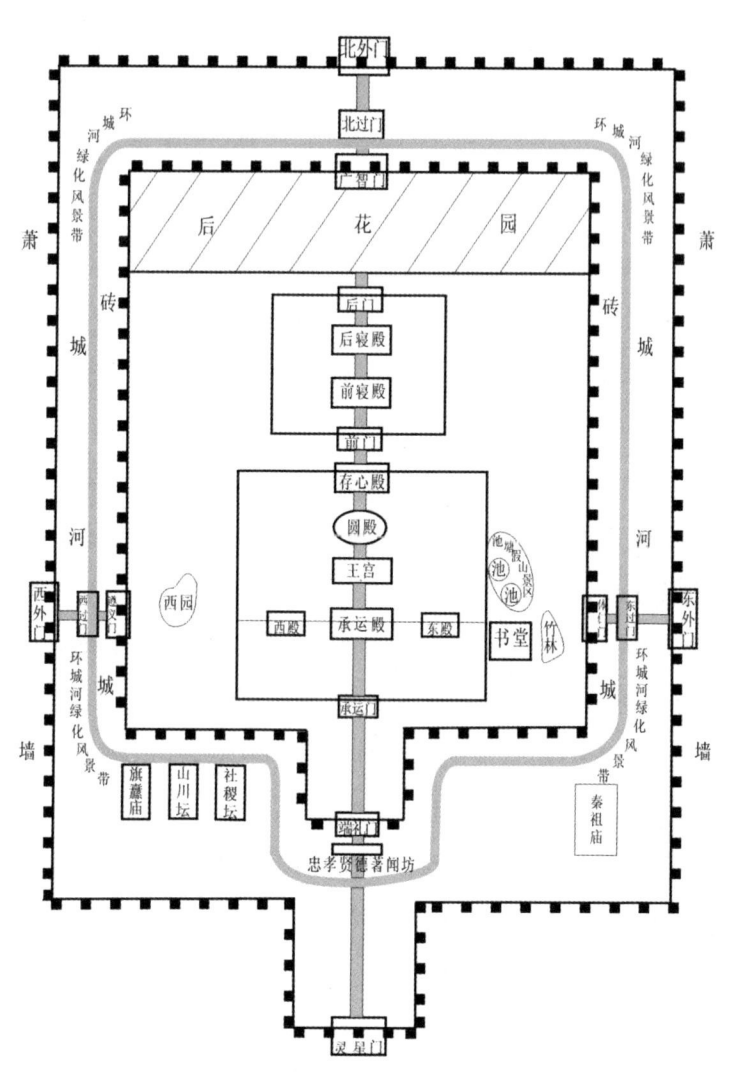

明代西安秦王府内部布局及其园林绿化示意图

礼、智"的古训命名，目的在于使诸藩王身居各地府城之中而能"睹名思义"，不忘"藩屏帝室"的重任。砖城与萧墙之间的护城河上，还因建有桥梁而设有东、西、北三座"过门"，南过门虽未见记载，但存在无疑。萧墙上也设有四门，除南门灵星门外，其余三门按其方位分别称为东外门、西外门、北外门。因此，秦王府城从内到外共有三层十二门。

明末李自成攻陷西安后，占据秦王府城，建立了"大顺政权"。有清一代，秦王府城基址成为八旗教场所在地，被圈入满城之中。民国时期，秦王府旧址一度作为陕西省政府驻地。1949年后，这里先后成为陕甘宁边区政府、西北军政委员会、西北行政委员会和陕西省人民政府驻地。

张祉甃城

明洪武前期西安城墙拓展之后，曾于嘉靖五年（1526）开展过一次规模较小的重修工程。42年后，西安城墙又迎来了一次里程碑式的修建工程。这是一次综合性的城池整修工程，不仅对城墙外侧和城顶砌砖包护，而且疏浚了城壕，对于城防体系的强化起到了至为重要的作用。

此次城工缘起，主要是"周二十三里，崇三丈四尺"的西安城墙为土城，无法避免风雨、鸟鼠等自然因素的破坏，且地震加剧了城墙、城河的破损，这种情形不能不引起地方主政官员们的高度重视。隆庆元年（1567），逢新皇登基，朝廷为"思患豫防"，决定大力维修各省会及州县城池，"缮修城垒"成为"天下诸省会郡邑"的重要任务之一。当年冬，张祉出任陕西巡抚，在政治、军事、经济、治安等多个领域开展革新，获得了官民的普遍支持，为大规模城墙维修工程的开展奠定了良好的人力、民心与舆论基础。

隆庆二年（1568）兴工之初，主要是对坍圮、倒塌、歪斜的城墙、城楼等进行针对性修缮；同时，对护城河中阻塞、淤积之处进行疏浚、淘挖，在城壕边栽种柳树，在城河中种植荷花。此举彰显了西安护城河在雄浑之外的秀美一面，也反映出护城河不仅仅是作为城防体系的组成部分之一，而且成为西安城市水环境景观的重要构件。

同时，为了将"土城"甃砌为"砖城"，此次新烧城砖逾48万块，又充分利用了龙首渠、通济渠废旧渠砖10万块，总计备砖超过58万块，为土城变砖城奠定了坚实的工料基础。就在工程进展期间，陕西巡抚张祉奉调南京。随后的工程由继任陕西巡抚张瀚、西安府知府邵畯、同知苏瓛、府丞宋之韩、通判谢锐、节推刘世赏、咸宁县知县贾待问、长安县知县薛纶，以及诸卫使、千夫长、百夫长等军队将领继续推进。施工中调动了1400名军卒。在工费方面，仅东北、西北、西南三段城墙3680余丈的甃砌工程，就耗费25800余两白银，用于购买城砖、石灰和工粮。依照工程进度和工程量大小推算，东北、西北、西南三隅的甃砌城砖工程很有可能延续至隆庆三年（1569）。

清代后期美国瑞挪会传教士拍摄的西安城西南角

清后期城墙顶部与城楼

在这次西安城墙外侧甃砌城砖工程之后，西安由土城墙一变而为砖城墙，无论是城墙外在的景观面貌，还是内在的防御能力都大为提升。

钟楼移建

明初西安城池的大规模拓展推动了城市格局的第一次重大变化，初步奠定了城市内部空间四隅格局。万历年间钟楼的移建则引起了西安城市布局的第二次重大变化，形成了今日所看到的以钟楼为中心四隅格局的空间结构。固若金汤的大城城墙和矗立在城市中心的钟楼作为两次变化的实体反映，堪称明清西安城发展过程中的里程碑。

钟楼原位于西大街以北广济街口，始建于洪武十七年（1384），与鼓楼东西对峙；正统五年（1440）重修。万历十年（1582）陕西巡抚龚懋贤命咸宁、长安二县知县移建钟

钟楼

楼于现址，从而形成以钟楼为中心、绾系四条大街的城区四隅格局。从明洪武初年向东、北扩展西安城垣起，到万历十年移建钟楼，其间历时已200余年。

钟楼的移建是在明中后期动荡不稳的社会环境中发生的，将位于城西的钟楼移建于四门大街交会处是出于防范城市内部"民变"的目的。若有变故，可迅速击钟鸣警，做出反应。钟楼设有四门，成为绾系四门大街、沟通四座城门的枢纽，有力地控制着四条主干道的交通。钟楼在清代、民国都曾驻扎军队或警察，发挥了重要的军事防御功能，由此也可推知明代钟楼移于城中心主要是出于城市治安的需要。

明清之际，移建后的钟楼除报时之功外，还兼有风水上的用途。在钟楼上祭祀文昌神亦始于万历年间，官民希冀此举能使西安城"文运蒸起"（即文运昌盛），钟楼因而又有"文昌阁"之名。

清康熙三十八年（1699）、乾隆五年（1740）相继修葺。但这一时期的钟楼已经成为满城的一座角楼，驻扎有八旗军兵，钟楼的东门洞也成为从满城出入汉城的城门之一。

钟楼通高36米，下为正方形基座。基座各边长35.5米，高8.6米，用青砖砌成。四面各有高、宽6米的券洞通道。楼身为正方形木质结构，四角攒顶，屋檐翘起，边长21.39米。四面五开间，周以回廊，连明廊共7间。外为三层重檐，里为二层楼，均用朱红柱子、门窗。建筑风格端庄、古朴，是古都西安的标志性建筑之一。

增筑关城

洪武四年（1371）至十一年（1378）西安城垣向东、北扩展的同时，也兴筑了规模较大的东关城，有"东郭新城"之称。东关城与西安大城相互依傍，具有军事协防功能。这一状况一直持续至明末崇祯年间（1628—1644）。

崇祯后期，陕西等地农民起义此起彼伏，局势颇显动荡。为加强省城西安的军事防御能力，陕西巡抚孙传庭于崇祯十年（1637），主持修筑了南、北、西三座关城。此次工程由咸宁、长安两县组织人力分工修筑，同时调动了右卫军兵参与施工。这是一次军民协同完成的城垣建设工程。建成后的南、北、西三座关城与东关城一样，不仅具有军事防御能力，形成大城的外围屏障，而且关城内也逐步出现民居、街巷，并兴建庙宇、学校，成为西安城区的重要组成部分，有众多居民、僧道、学生等居住其中。四关城墙皆为夯土筑成，自明至清未有改变。

据1936年陕西省陆地测量局所绘《陕西省城图》初步

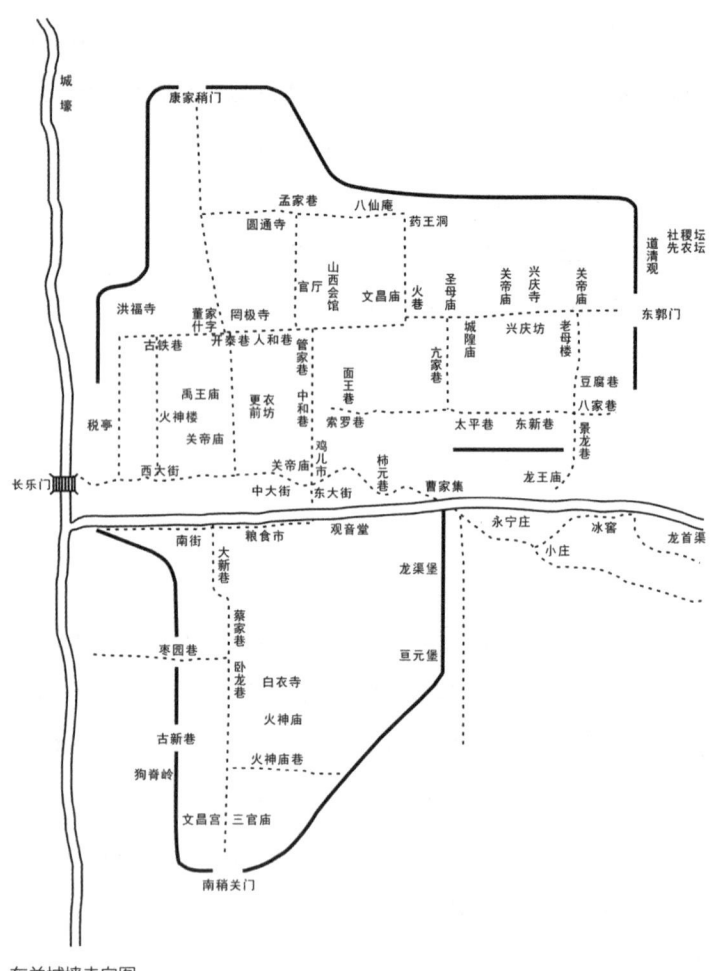

东关城墙走向图

量算，东关城墙长约7.5里，西关城墙长4.3里，南关城墙长3里，北关城墙为3.5里。四关城墙总长达到18.3里。

西安城的四座关城作为城市空间扩展的基本途径，虽然兴建时间上有先后，格局和规模也有区别，但从根本上来说都是基于军事原因而兴起的。明末新建西、南、北三关城之后，西安城由此前的四区一关转变为四区四关的空间格局。这一格局对此后城市功能区尤其是商贸区的发展产生了深远的影响。

明清西安四关城因位于城乡接合的城市边缘区，同时又位处出入城市的交通孔道、人流所经之地，不仅具有军事意义，而且在商业贸易、宗教信仰、迎来送往等活动中较为活跃，关城也因此分布有众多的市场、店铺、厘税局、接官厅以及寺宇。从城市景观而言，四关城最显著的特征在于"亦城亦乡"，尤以东关城为代表。明代东关城中就有秦王封地和园林，居民也多为扩城时被圈入城区的农民，他们耕作的土地则在东关之外。清同治八年（1869）开辟东郭门，就是为了便于"关民"外出耕种。与农业生产方式相适应，东关城内村落的聚居形态、命名方式等也与大城内街巷坊里有较大差异，这就在其表现出的农业景观之外，又以农村聚落的形式增添了东关城的乡土气息。

西安满城

清代西安满城的兴建是明清西安城空间发展过程中继明初城池扩展和秦王府城兴建、钟楼移建、建修关城之后的第四次重大变化，这一变化既是城市实体空间的分割，也是明清西安城军政重镇地位进一步提升的表现。

1644年清军挥师入关、定鼎北京之后，其精锐之旅八旗兵除集中屯戍京师外，另有人约半数相继派驻于全国各大战略重镇和水陆要冲。西安作为宋元以来维系西北安危的军政重镇，也在此背景下兴建了规模庞大的八旗驻防城。顺治二年（1645）正月，清军攻克西安后，即开始在东北城区兴建满城，顺治六年（1649）竣工。东北城区的汉族、回族等居民、商户被迫他迁，八旗驻防城成为相对独立的"城中之城"，供满蒙八旗军兵及其眷属驻防、居住。

满城南墙自钟楼东南角起，沿东大街南侧直抵长乐门南侧；北墙从钟楼东北角起，沿北大街东侧直抵安远门东侧。这两道城墙厚度不及西安大城墙，但高度似与之相当。满城周长约8767米，东西长2466米，南北宽1917米，面积约4.7平方千米，约占大城面积的40%。西安满城的占地规模仅次于江宁（今南京）满城，而兵力数量在各省八旗驻防城中居于首位。

西安满城共开有7座城门，以开门方向论，西面自北而

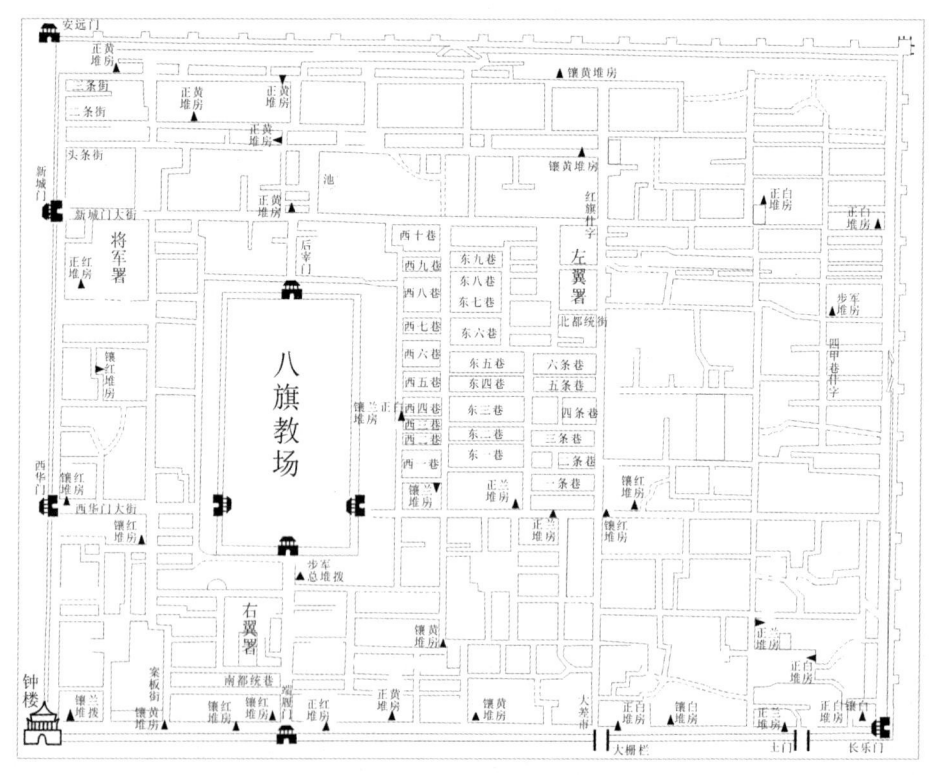

清代西安满城街巷与堆房分布示意图

南分别为新城门、西华门和钟楼东门洞，南面自西而东分别为端履门、大栅栏和土门，东面为长乐门，北无城门。西、南两面各有3座城门，便于加强满城与大城内其他地域的联系，东面沿用西安大城东门长乐门。

满城内街巷密集而规整，有7条大街、94条小巷。其中东西向大街包括西华门大街（今西新街）、新城门大街（今后宰门街）、头条街（今后宰门街北）、二条街（今西七路）、三条街（今西八路）等。这些街巷有效地将满城各区域及四面城墙连接起来，既增强了满城的军事防御功能，又便利了满城与大城其他区域的交通。满城街巷自民国以来历经多次扩修，形成了今日西安城东北部街道的基本格局。

八旗军兵及其眷属在满城内按照关外的生活方式，保持传统祭祖、祭神的习俗，佛神、灶爷、天地、马王、财神等均在崇祀之列，因而满城内庵、观、寺、宫分布较多。在满城80多所寺庙中，供奉关羽的庙宇就占3/4，充分体现了满族、蒙古族尚武的传统。

满城作为相对独立的军事驻防区域，禁止普通汉族、回族商民等随意进出，而满蒙军兵及其眷属则可通过满城城门出入汉城和回坊，参与到城市生活当中来，因而满城城墙并未能阻隔满族、汉族、回族等民众之间的交流。从管理角度而言，满城内的八旗军兵训练、日常生活和街巷管理等均由八旗将军负责，而其他城区则由咸宁、长安两县进行管理。

1911年辛亥革命（西安起义）中，满城街巷、屋宇等遭到战火严重损毁，旗兵战死，旗民逃散。民国初年，满城南、西两道城墙被拆除，延续了260余年的"城中之城"——满城自此无迹可寻。

西安南城

清康熙二十二年（1683），随着新一轮全国范围内兴建满城高潮的来临，西安又在满城南侧兴建了南城，是为明清西安城空间格局的第五次重大变化，标志着西安八旗驻防军事区的扩大和咸宁县辖域的缩小。乾隆四十五年（1780），南城西墙拆毁，八旗驻防区恢复原状，这成为西安城空间格局的第六次重大变化。

清初满城的兴建极大地强化了西安作为西北军事重镇的地位，而清政府为了镇压不断涌起的反清浪潮和农民反抗斗争，又于康熙二十二年（1683）向西安增驻左翼八旗汉军，并在满城之南修筑"南城"作为其驻防城，更将西安作为西北军事重镇的地位推向极致。

康熙二十二年始筑南城时，北墙借用了满城南墙东段（今尚德路南口以东），东墙借用了西安城东门以南城墙，南墙借用了西安大城（今和平门以东）城墙，新筑的西城墙位于今马厂子、东仓门一线，其城墙并非由北一直向南，而是呈西北—东南走向。南城形状大致呈北长南短、东直西斜，且西南角缺失的不规则梯形。乾隆四年（1739），南城西墙中段开设通化门，便于汉军八旗官兵前往西安其他城区。

南城东西长约820米，南北宽约736米，面积约0.6平方千米。其面积较小，内部格局也相对简单。汉军八旗驻防地集中在南城西北部，以大栅栏向南的街道为中轴线，呈东西向整齐排列。街东自北往南依次有头道巷、二道巷、三道巷、四道巷、五道巷、六道巷、七道巷、八道巷和九道巷；街西

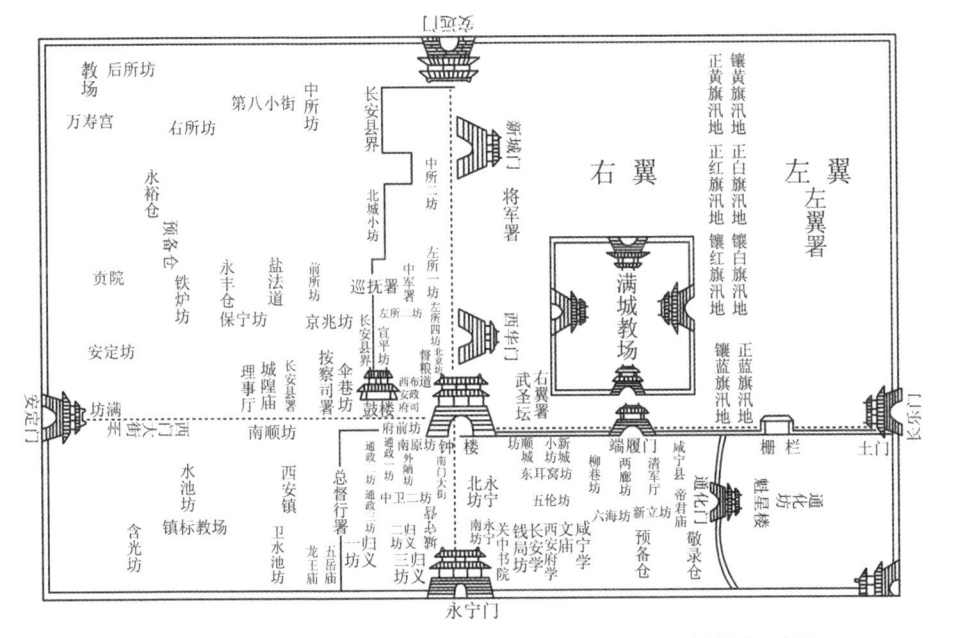

清代西安满城与南城方位示意图

自北往南依次有头道巷、二道巷、三道巷、半截巷、小庙巷、回回巷和观音寺巷。

乾隆四十五年（1780），"汉军出旗"，南城西墙被拆除，这一区域重新划归咸宁县管辖，普通民众重新得以居住其中。

毕沅修城

在清代长达268年的统治时间内，西安城城墙先后经过10余次重要维修，其中以乾隆四十六年（1781）至五十一年（1786）毕沅主持的大修工程规模最为浩大，耗费人力、物力、财力最多，由此奠定了西安城在清中后期直至近代的多次战争中未曾失守的城防基础。

乾隆四十二年（1777）十一月，陕西巡抚毕沅向朝廷奏报了西安城墙城身、城楼、卡房、官厅等的颓毁状况，并提出了维修之议。这一奏议可视为乾隆四十六年开始的西安城墙大修工程的最早动议。由于城墙破败的城市景象难以与汉唐故都和西北重镇的地位相匹配，因而从乾隆皇帝到陕西地方官员逐步形成了西安城墙"非大加兴作，不足以外壮观瞻，内资守御"的共识；从社会状况而言，毕沅担任陕西巡抚期间，关中城乡社会较为安定，农业生产连年丰收，百姓民力可用，正是开展城墙维修工程的有利时机。关中地区社会经济的良好发展为西安城墙大修的顺利开展提供了有利条件。

乾隆四十六年十一月，毕沅以《奏修西安城墙事》为题具奏乾隆皇帝，详细禀明了西安城墙亟待维修的状况，正式请求修葺西安城墙，由此拉开了大修工程的序幕。从乾隆四十六年底开始，陕西官府开展了一系列查勘估算、拣选督工官员、成立城工总局、招募工匠、储备粮食、采买工料等

乾隆年间陕西巡抚毕沅修城碑记拓片

筹备活动，这一过程一直持续至乾隆四十九年（1784）初。

乾隆四十六年十二月，工部侍郎德成等人在对西安城工进行实地查勘的基础上，提出了具体维修方案，并估计全部工程需银1566125.195两，其中物料银1474891.657两，匠夫工价、运脚等项银91233.538两。其中为城身外侧和顶部重新砌砖的开支占到了工费总额的近50%，而为城身内侧重新筑打墙身的开支也占到了12.18%，表明此次工程的重点正在于加固内外墙身，提高城墙防御能力。

乾隆四十七年（1782）三月，时任陕西巡抚永保对参与城工的机构和官员进行了初步分工，由陕西布政司"总司其事"，按察司、督粮道、盐法道"协同稽察"，西安府知府"派令总催"。重返陕西巡抚任上的毕沅奏请从直隶、山西等省招雇熟练工匠，以满足城墙、城楼、卡房、官厅、马道等在维修中对精细工艺的要求。车夫、马夫和杂工则从关中地区以公平价格雇用。乾隆四十八年（1783）六月十八日，重修工程正式开工。乾隆五十一年（1786）九月，四座城门上由乾隆皇帝题写的满、汉文门名匾额已安砌完好，标志着此次重修终告竣工。

经过全面整修后的西安城墙"崇宏巍焕，克壮观瞻"，景观面貌焕然一新，不仅对西安民众而言有着人居环境改善的实际意义，更重要的是与西安城作为"西陲重镇，新疆孔道，蜀省通衢"的地位相适应，可使东部以及西北、西南各地往来、途经西安的无数官绅贾民，包括大量前往北京朝觐、进贡的新疆、西藏、四川等地的少数民族首领也能领略到西北重镇的雄姿，这对于巩固西北、西南边防具有重要的意义。

护城河

明洪武初年拓展西安城墙后，就在城墙外围开浚了护城河。嘉靖《陕西通志》载其深二丈，广八尺。城河环城一周，长约4500丈，较城墙长了198丈。

护城河的水源，在明成化元年（1465）通济渠开通之前，主要依靠龙首渠引浐河水从城东南灌入城壕。成化元年之后，则同时有通济渠与龙首渠向护城河供水，一度还出现过水与岸齐，溢出后浸泡城墙根脚的情况。

成化初年，陕西官府在开凿通济渠引水入城并灌注护城河时，即开展过在城壕岸边栽种柳树，在护城河中种莲养鱼等环境治理、美化措施。隆庆二年（1568），陕西巡抚张祉在主持甃砖工程中，曾对护城河中阻塞、淤积之处进行疏浚、淘挖，在城壕边栽种柳树，在城河中种植荷花，形成"岸上柳"与"水中莲"交相辉映、相得益彰的美丽景象，构成一道靓丽的城市绿植带。城壕岸边种植柳树对于加固壕岸、减少岸坡水土流失和坍圮具有积极作用，而种植莲花在美化环境之外，也有助于增加护城河水活力，减轻污臭气味。

清代也多次疏浚城壕，并引水灌注。顺治十三年（1656），陕西巡抚陈极新重修西安城垣，疏浚城壕。康熙元年（1662），总督白如梅、巡抚贾汉复浚深城壕至三丈。乾隆二年（1737），巡抚崔纪因引水渠道淤塞，西安城有壕无水，遂疏浚龙首、通济二渠，引水入壕。二十八年（1763），巡抚鄂弼修葺城垣，疏浚城壕，但由于入城水门废弃，两渠之水不复入城，仅灌注城壕。四十年（1775），陕西巡抚毕沅疏浚城壕，加深四尺，

清后期美国瑞挪会传教士及其眷属在南门护城河边游玩

面宽六丈，底宽三丈，费银8000余两。同治二年（1863），西安将军穆腾阿奏请疏浚护城河。光绪二十二年（1896），清军同知王諰、中军参将田玉广疏浚护城河，引龙首渠水灌入。光绪二十四年（1898）巡抚魏光焘、二十九年（1903）巡抚升允先后疏浚通济渠，引水入城壕。这些均属于加强城壕军事防御能力的重要举措。

军政机构

总督衙署

总督衙署为清代西安城内最重要的衙署之一，位于明代正学书院旧址（今正学街西侧）一带，因与巡抚衙署（北院）相对而称为"南院"，其周边地区称为南院门。

顺治元年（1644）置陕西总督，兼辖四川，初驻固原，主要管理陕西、四川等省军事事务。十四年（1657）移徙汉中，康熙三年（1664）更名山陕总督，兼辖山西，移驻西安。

清后期总督行台成为陕西巡抚衙署（南院）

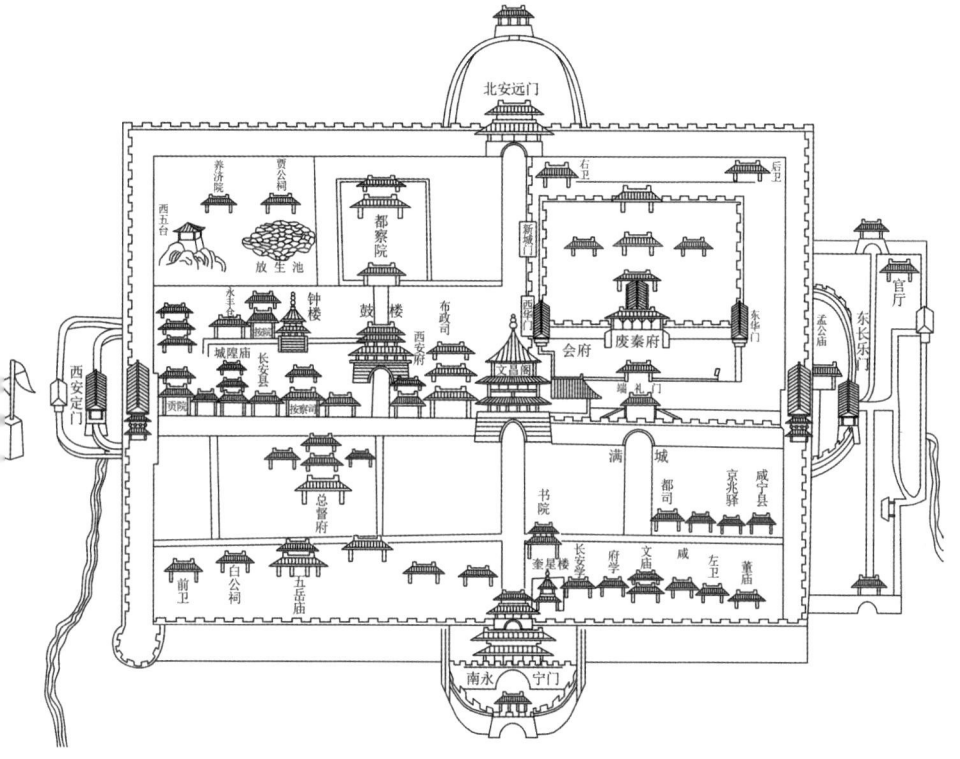

康熙《长安县志》所绘西安城图中总督（府）衙署位于西南城区

此后又有川陕总督、川陕甘总督、陕甘总督等名，常驻之地包括西安、成都、兰州。乾隆十九年（1754）陕甘总督移驻兰州后，西安城内的总督衙署遂成为总督行台，供其驻留西安期间办公、过境留宿等。

总督衙署于顺治初年由陕西总督孟乔芳兴建。康熙元年（1662），鉴于该衙署门堂临浅，总督白如梅入加扩建，以至占用了相邻的明代正学书院旧址。扩建后的衙署，建筑完备规整，包括堂宇、牌坊、鼓楼、亭庐、围墙等。康熙四十二年（1703），康熙皇帝西巡西安时，御赐总督博霁"保厘秦陇"匾额，充分反映了西安城的总督衙署在西北军事体系中的核心地位。

雍正朝的川陕总督年羹尧、岳钟琪等大将军均在此常驻过，南院也一度被称为"帅府"。其中不仅驻扎有督标官兵，而且院内存贮有千斤大炮、守城滚木等军械，兼具驻军与军械库的功能。作为总督驻防办公之地，南院也在历任总督的着力营建下具备了园林的面貌，如乾隆五年（1740）前后担任过川陕总督的尹继善于南院内建造园林，邀约官员等社会上层人士入内游赏。尹继善命人在行台中"叠石成山，东西耸峙，髣髴太华、终南，逼临槛外"，高大的假山俨然有太华、终南的气势。官署内植树种草，搭配得宜。游赏之际，尹继善与友人俞树堂等作诗纪游，俨然雅集，留下了"窗临怪石层层见，砌绕清池面面新"等诗句。

光绪十四年（1888），陕西巡抚叶伯英一度扩建总督行台，并移入其中办公，因而南院自此又被称为"巡抚部院新署"，蠹立有叶伯英撰《北山南山巡阅恭记并诗篇》等碑。光绪三十一年（1905），陕西巡抚升允在新署外甬道左右增建楼十楹，招商从事贸易活动，形成一处规模宏大的市场，进一步促进了南院门商贸街区的繁荣。

民国时期，南院内曾设有国民党陕西省党部、西安广播电台等机构。1949年后，成为中共西安市委大院，现为碑林区政府所在地。

巡抚衙署

巡抚衙署为明清西安城内与总督衙署并称的省级官府，位于西华门大街西段路北，南与总督衙署（南院）相对而得名"北院"。

陕西巡抚衙署，明宣德七年（1432）建，嘉靖二十一年（1542）巡抚赵廷瑞扩建，重修后堂，将后轩扩建为北向，在署内五棵柏树之间兴建"思济亭"，又叫"五柏亭"；建"仰辰楼"七楹，两厢建屋十楹；修葺"节镇坊"；并将通济渠水从西墙引入，从东墙流出；署内有左、右亭，左亭中有水井，右亭中矗立碑刻。清康熙二十四年（1685），巡抚鄂恺重修。四十二年（1703），康熙西巡西安，赐巡抚鄂海"为政宽恕"匾，两侧对联为"三秦地阔荣开府，二华峰高比重臣"。这不仅是对鄂海本人的褒奖，也增添了巡抚衙署的文化气息。

清末北院行宫中的园林

乾隆年间，陈弘谋、毕沅等在巡抚任内，曾对北院衙署进行诸多建设，兴建有四来堂（后改为四喜堂）、终南仙馆、小方壶堂等建筑，作为文人雅集、畅饮作诗、抚琴畅谈、祭祀先贤之地，使得巡抚衙署也成为西安城内极具活力的文化活动场地。

光绪二十六年（1900），慈禧太后与光绪皇帝驻跸西安期间，即以北院衙署为行宫，使其在为期约一年的时间内成为全国临时政治中心。行宫前后设三堂，按前朝后寝的官殿格局布设。1901年，美国《基督教先驱报》记者尼科尔斯来陕赈灾期间，曾经进入北院行宫内参观，看到"行宫的主要殿宇漆以朱红色，屋顶覆盖着褐色琉璃瓦"，"（朝堂）内天花板很高，以明黄色纸裱糊。地上铺着红布缝制而成的地毯。与门相对，靠着后墙的是一张柚木方椅。椅背及其两侧雕刻精美，其上悬挂深红色遮篷"。行宫左侧厢房用于召见文武百官，行宫后部则是慈禧太后、光绪皇帝的寝宫。

辛亥革命后，北院曾作为秦陇复汉军政府大都督张凤翙的驻地。1949年后，北院长期作为西安市政府驻地，现为莲湖区政府大院。

西安府署

西安知府衙署，是明清西安延续时间最久、位置最为稳定的官署之一，基址位于今西大街东段鼓楼东侧路北。

洪武二年（1369），西安府署在元代奉元路署旧址上延续、改建而成，作为官居正四品的西安知府的办公之地。西安知府作为一府最高长官，负有"宣风化，平狱讼，均赋役，以教养百姓"的职责，管理事务包括籍帐、军匠、驿递、马牧、盗贼、仓库、河渠、沟防、道路等。知府下设同知、通判等官职。

由于"西安为郡元首，关辅地冲政剧，甲于余郡"，西安府署在明清之际得到历任西安巡抚的多次维修，其中重要者如永乐年间（1403—1424），天顺四年（1460）、八年（1464），弘治十五年（1502），嘉靖十三年（1534）、二十四年（1545）、二十六年（1547）及清乾隆八年（1743）、三十二年（1767）、四十至四十一年（1775—1776）等维修工程。

嘉靖二十四年，西安知府吴立政动用公帑，购买良材，雇用工匠，对府署进行了较大规模的重修。经过这次建修工程，西安府署进一步增强了"前堂后寝"的格局特征。府署南北向，府门向南，门额悬挂"关中首郡"匾额，中门之内为正堂，左右两厢为厢房，系僚佐廨舍、册库、常济库等。后半部为后堂和吏舍。官员、胥吏、杂役各有居止之地，建筑分工更为明晰合理，有利于衙署办事效率的提高，整体环境与氛围更适应办公需要，而建筑所代表的各级官员与服务人员的尊卑高下、等级关系也非常明显。

西安府署的格局布设在官署建筑中具有典型性，属于复杂而规整的官署建筑群落。

咸宁县署

咸宁县署为明清时期西安城附郭县之一——咸宁县知县的办公衙署，与长安县署均属于城区基层地方管理机构，旧址在今西安市碑林区马厂子北段西侧。

明初西安城墙向东、北拓展之后，咸宁县署移置于城内东南隅。明清时期，咸宁县署屡经历任知县维修。其中重要的包括嘉靖二十三年（1544）知县马珮、万历十二年（1584）知县李生芳、三十四年（1606）知县满朝荐、崇祯五年（1632）知县阎思学，清康熙三年（1664）知县黄家鼎、乾隆二十八年（1763）知县龚元珠、三十六年（1771）知县杨衍嗣等主持的建修工程。

嘉靖二十三年，知县马珮有鉴于衙署内的监狱与养济院相邻，不便于守卫，因而将监狱进行了改建。万历十二年，知县李生芳重修；三十四年知县满朝荐在重修时，为县署栽植松柏，进行绿化，并将堂阶、神祠、廨屋、门亭、库狱绘图镌刻在石碑上，以资后世备览。崇祯年间，知县宋妃将原本位于县署仪门外迎宾馆左侧的土地祠移置仪门右侧，是县署附属祭祀设施的一次大变动。崇祯五年，由于位于县署后堂西隅的知县官邸规模狭小，知县阎思学遂向秦王宗室购买了一块邻近土地，招募工匠建成楼五楹，并以"大生之源日开，则生生之化日新"之意而命名为"大生楼"，在楼左右建厢房各三楹，楼前兴建"退食轩"，作为其和家人的居所。而旧官邸则改为"幕馆"，供幕僚居住。咸宁县署大堂右侧为县丞署，县丞署南侧为典史署。另外，县署仪门西设男监，

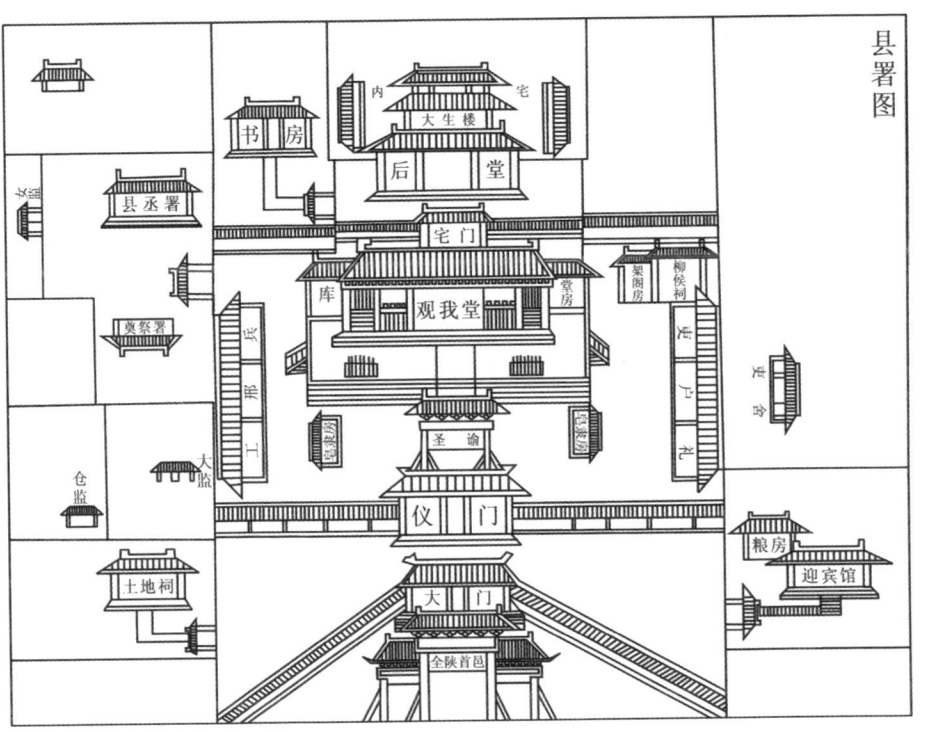

明清咸宁县署格局示意图

捕衙西设女监。

康熙三年（1664），知县黄家鼎在县署监狱东南空地上兴建了一处"仓"，关押轻犯，而与关押重犯的"监狱"区别开来。此后乾隆二十八年（1763）知县龚元珠、三十六年（1771）知县杨衍嗣等还进行过多次修葺增减。

清中后期，咸宁县署南门门前建坊，额曰"全陕首邑"，左右有"节用爱人"与"咸宁上游"二坊。仪门内有前、后厅室，堂后有"大生楼"五楹。格局沿袭未变。

长安县署

长安县署为明清时期西安城附郭县之一——长安县知县的办公衙署，与咸宁县署均属于城区基层地方管理机构，旧址在今西安城西大街城隍庙东。

明洪武年间西安城池扩展后，长安县署于洪武四年（1371）移置于陕西布政司西侧，直至清末相沿未改。先后经清康熙元年（1662）知县梁禹甸，乾隆十六年（1751）知县张介禧、三十一年（1766）知县潘时选、四十三年（1778）知县丁尹志、五十二年（1787）知县张位台、五十八年（1793）知县赵宜嘉，嘉庆十年（1805）知县何承薰、十六年（1811）

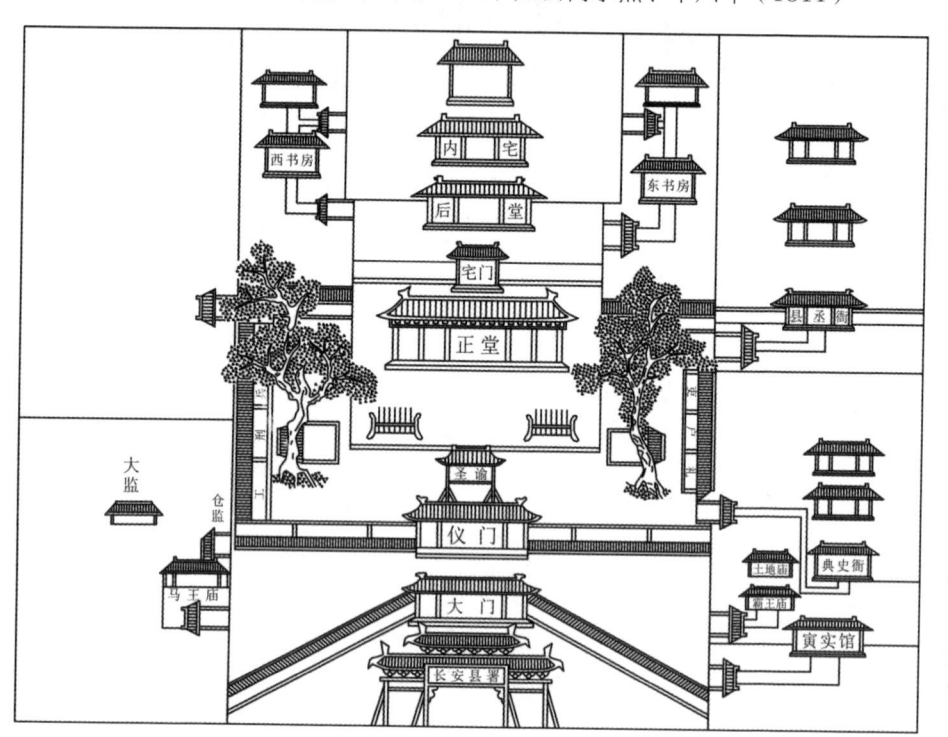

明清长安县署格局示意图

知县张聪贤及光绪七年（1881）知县陈尔苐等多次增建修葺。

康熙元年（1662）夏，梁禹甸就任长安知县后，先对湿陋的衙舍、倾圮的垣墙进行了修缮。之后出于"堂署乃出治之所，必使端严正直，如砥如矢，令人对之肃然生敬畏心"的认识，梁禹甸于康熙四年（1665）春，个人捐款购买工料，在农闲时节招募工匠大力重修县署，将大门、仪门、宅门、前轩三楹等整修一新，达到了"轩朗洞达，豁然心目"的景观效果。至清后期，长安县署格局为坐北向南，署前建牌楼一座，额曰"西京旧治"，左右有申明、旌善二亭，北入为大门四椽房3间，仪门三椽房3间，科房三椽房22间，大堂六椽房5间，二堂三椽房3间，三堂四椽房5间，东、西书房各6间，住房四椽房5间。库在堂西，狱在西南。

概略而言，作为西安城区的基层地方事务管理机关，长安县署分管城区西半部，而咸宁县署分管城区东半部。长安知县掌管的行政事务包括决讼断案、劝农赈贫、惩犯除奸、兴养立教等，下属官员包括县丞1人，主簿1人，分管粮马、征税、户簿、巡捕等事。

陕西咨议局

陕西咨议局为清末宪政改革时期陕西的地方议会机关，宣统元年（1909）设立，位于西安城原陕西贡院基址内（今西大街西段以北儿童公园所在地）。

陕西咨议局设议长、副议长、议员，三年一任，常驻议员一年一任。议员由选举产生，陕西额定63名。本省驻防旗民额外另设专额1~3名。每年九月召开年会一次，会期40天。临时会议不定期，以20日为限。咨议局负责开会讨论陕西省行政改革、预决算、税法、公债、选举中央资政院议员等。议决事项需巡抚、总督核准。

1909年，咨议局筹办处在选定贡院旧址后，按照清政府宪政编查馆的要求，仿照欧美国家议会建筑的"圆形"格局，将原来陕西贡院的至公堂改建为咨议局的议事厅，其中设置有演说台、速记座、议员席、旁听席等，并兴建了议长、议员的住房和办公处，共修葺、添建房屋100余间。此次改建工程共用库平银2034.25两。由此，陕西咨议局议事厅成为清末西安城内极具西式特色的标志性建筑之一。

宣统二年（1910）四月，陕西省咨议局响应张謇《十六省议员诣阙上书序》倡议，联合省商会、教育总会约100名代表，成立国会请愿分会，推王锡侯为会长、郭希仁为进京请愿代表，携带《陕西省绅民请愿速开国会书》赴北京，要求即速召开国会。这成为清末陕西积极参与宪政改革的重大事件。辛亥革命后，陕西咨议局旧址一度为陕西省建设厅、建国公园等沿袭利用，今此处已为西安市儿童公园。

西安军装局

西安军装局为清代西安驻军储存枪炮弹药的军火库及其管理机构。光绪二十二年（1896），由陕西巡抚魏光焘在原左宗棠所建西安机器局旧址上设立，位于西安市碑林区东县门（今西安市八中所在）。

为了满足清末陕西新军的训练和装备需要，西安军装局储存有大量当时最新式的步枪、大炮和弹药。但是陕西巡抚和西安八旗将军未将这一军事要害机构设立于满城之内，从而为辛亥革命中陕西革命军夺取大量枪械弹药，最终攻陷满城创造了有利的条件。

宣统三年九月初一（1911年10月22日）西安爆发革命，陕西新军首先攻打的目标就是西安军装局。在占领这里后，迅速将枪支、弹药分发给汉族和回族士兵、警察、民众、苦力、杂役、乞丐等，从而在与满城内手持老式毛瑟装填枪和陈旧后膛枪的八旗军兵作战方面占据了先机。起义军在这里打响了陕西辛亥革命的第一枪。在攻打满城时，革命军还用从军装局调来的大炮向满城轰击，旗兵伤亡惨重，满城终被攻破。在起义爆发之后，军装局成为革命党的驻地和临时司令部，而哥老会则占据了南院。

新中国成立后，在军装局原址上建立了西安市八中。军装局北门遗址于2003年3月被彻底拆毁，改建成新校门。

水 陆 交 通

渭河航运

明清时期,在西安的交通运输格局中,渭河扮演着至关重要的航运通道的角色,促进了西北内陆与中东部地区的商贸交流。

渭河发源于甘肃渭源鸟鼠(同穴)山,从关中平原中部向东奔流,至华阴三河口附近汇入黄河。渭河航运的历史十分久远,但由于泥沙壅塞、水流受阻等因素,明清时期大宗

清后期渭河上的船只

商货运输主要集中在中下游的咸阳至潼关段，即将关中和西北其他地区的粮食、棉花、木材、药材、土产等运销至山西、河南，并将山西的煤炭、食盐以及其他中东部省区所出商货运入关中。

渭河上曾经有大量商船从潼关上行至西安北的草滩码头和咸阳渡口一带，出现过商船拥挤、桅杆林立的壮观场面。康熙二十二年（1683）闰六月二十八日，清人方象瑛就记载了咸阳渡口附近"买舶渔船，衔尾相接"的景象。"买舶"是指往来于渭河中下游直至山西、河南的商贾大船，而渔船则属于当地的小型捕鱼船只。此记载从一个侧面反映出渭河航运的繁荣状况，而较多渔船的出现又折射出渭河水量充沛、水文环境良好，为鱼类生存、繁衍提供了较佳环境。乾隆四年（1739）七月十八日，陕甘总督杨应琚在咸阳东门外的"渭水古渡"处也看到"贾客艟舶集岸下，如雁行"，足见运货和载客船只停驻、往来的盛况。乾隆四十九年（1784）四月二十六日，赵钧彤盛赞渭河"通商"之利，指出"水际泊船，大容千百斛"，表明渭河大型航船载重量较大，赞誉"关中美利，唯渭居多"。

渭河上的运货航船类型较多，主要有"山西方船"，运载山西食盐与煤炭及陕西韩城的煤炭；"河南代篷条子船"与"陕西圆船"则主要将甘肃牛羊皮、药材、陕西棉花运出河南，又从河南运入其他省区乃至国外的布匹、茶、洋杂货、糖等。1906—1910年执教陕西高等学堂的日本教习足立喜六调查发现，渭河航船"搬运山西的煤炭（黑炭）、焦炭（骸炭）、白盐（山盐）等物，供给西安和咸阳等地的市场"。

渭河上的航船，最显著的特征是底部平坦，用杨柳、槐木等建造，船体坚固，能够适应渭河水位较浅、河道曲折的水文状况。渭河中下游的商货运输一直持续至20世纪30年代。随着1934年陇海铁路通车西安，大宗商货不再经由渭河往来，渭河航运也就逐渐退出了历史舞台。

咸阳古渡

咸阳古渡为明清西安八景之一，位于西安府咸阳县城南侧渭河之滨，是明清时期从关中前往渭北以及西北官道上的重要交通枢纽。

对于明清西安大量官民和往来于西北与中东部的官绅、商贾而言，咸阳古渡是往返交通必经之地。明代秦简王朱诚泳就专门赋诗描写渭河渡口的景致以及等候摆渡的心焦旅人，如"两岸夕阳秋草渡，半篙春水白鸥波"，"薄暮行人呼愈急，短衫黄帽立沙边"等。咸阳古渡作为连接西安与咸阳的重要节点，在夏秋涨水季节，以渡船接渡往来旅客，在冬春水落之时，则在河上搭建浮桥或简易木桥，供行人通过，确保旅行者、商贾等能在全年内通行无阻。浮桥是将船只连接起来，上铺木板，便于安装拆卸。每年霜降之后就开始搭建浮桥，春季水涨时拆除。正是由于咸阳渡口采取了舟桥相济的方式，因而明清时期，咸阳古渡又被称为"便桥"或"渭河浮桥"。乾隆三十三年（1768）十一月初八，孟超然前往四川视察文化教育情况时经过渭河，正值隆冬时节，渭河水涸，河上架有"舆梁"，可通车马，便桥两端建有"咸阳古渡"牌坊。

至道光年间，两座牌坊上分别题写"渭水之浃"与"渭水东注"，充分显现了咸阳古渡的文化气韵。

渭河渡船的形制与水文状况有关。由于渭河平素水流较缓，且沙淤水浅，因而航行的船只以"方头平底"为基本构造。1906—1910年间在陕西高等学堂执教的足立喜六充分注意到了渭河水流与船只形制之间的关联，"漫漫浊流之上，横有方形平底的渡船"。他又载及渭河船只有时需纤夫拖曳才能行进的情况，"船中央设立板栈，系铃数上。船公站在船上击铃指挥，众水手曳船索寻浅濑而行，其状态不仅颇为奇观，而且行进速度缓慢"。光绪二十八年（1902）五月初二，清人叶昌炽过渭河所乘舟船"平方如舫，大可容一舆、五六骑、仆从二十余人，弄船者尚有余地"，可见载客空间较大。光绪二十九年（1903）三月二十五日，驻藏大臣有泰从西安起程，乘坐被称作"方船"的渡船过渭河，也对"其笨非常"的船只造型留下深刻印象。

咸阳古渡采取渡船和浮桥相互结合的方式，以便民众和

近代咸阳古渡盛况

旅行者通过。这种状况一直延续至民国年间，如1936年5月5日，美国传教士毕敬士夫妇等人就乘坐福特轿车从"摇来晃去"的浮桥上渡过渭河。随着民国后期渭河铁路桥以及新中国时期多座渭河大桥的相继兴建，明清时期咸阳古渡的盛况就一去不复返了。

草滩码头

草滩码头是明清时期西安城北、渭河南岸最重要的商货集散地和渡口之一，与明清西安城乡社会经济的发展关系十分紧密。

草滩码头位于明清西安城北30里，有西安"水运门户"之称。草滩一带地势平坦，大小车辆往来方便，从此逆水上行60里可达咸阳，下行280里可抵渭河入黄河处的三河口，因而成为重要的商货集散码头。由于人员往来频繁，粮食、棉花、煤炭、盐等大宗商货运输兴盛，依托草滩码头形成、发展的草滩镇也成为西安郊区的大型市镇之一。

1907年，东亚同文书院豫秦鄂旅行班学生调查得知，从西安前往三原途中，在草滩渡口设有官营渡船摆渡客货。渡船长约22米、宽约4.5米，"每当船只靠岸，岸边旅客群情汹汹，车辆、客人、马匹骚动拉扯"。船只离开岸边后，仅用撑杆甚为吃力，还需用橹划水。当时草滩渡口仅有此类摆渡船三四只，行进速度缓慢。清末民初，草滩镇仅买卖棉花的店铺就有14家，棉花交易量每年高达150万斤~160万斤。

棉花用船从草滩运往河南陕州，大船可运4万斤，小船可运2万斤；两地之间，客船下行需10天，逆行需20~30天。

　　清末草滩码头集散、交易的商货还有粮食（主要是小麦、豌豆、粟）、旧麻绳（依靠渭河水运，输往山西绛州作为造纸材料，年输出约60万斤）、食盐、煤炭、铁货等。在草滩码头的主要输入货品中，从山西临猗夹马口装船输入的潞盐每年高达1400万斤以上，民国初年价格约每100斤白银5两；从山西河津禹门口码头装船输入的煤炭每年约3000万斤，其中块煤每1000斤价格为银5~6两，小块煤每1000斤为银3~4两，粉炭（煤屑）每1000斤为银2~3两，而从草滩运往西安，每1000斤煤炭运费为大钱2000文；山西泽州出产的铁货每年经由绛州码头装货输入草滩的额度为100万斤以上。大宗货品输入量之巨充分反映出草滩码头商货集散的繁忙、兴旺景象。

　　随着1934年陇海铁路通车西安，火车运力大且速度快，铁路运输迅速取代了渭河航运，草滩码头自此难以再现昔日繁忙景象，逐渐成为历史旧迹。

灞桥

　　灞桥是我国历史上最著名的桥梁之一，唐时就号称"天下四大石柱梁"之一，素有"关内之胜，于此为最""晋、豫、陇、蜀驿路要津"等美誉。长安人士远送东行者至此，常折下柳枝以表达惜别之情，因而灞桥又有"销魂桥"的别名。

明清时期，灞桥作为关中重要的交通设施，屡经修葺。明成化六年（1470）陕西布政使余子俊增修元代刘斌兴建的石质灞桥，后因沙壅桥废。康熙三十九年（1700），川陕总督席尔达、陕西巡抚贝和诺及下属官员捐俸筹款，重建灞桥，涉及省城西安与咸宁、长安两县，以及延安、榆林、汉中、凤翔等地22名官员。此次石质灞桥的建造，一改清前期临时木桥和渡船分季使用的窘状。康熙四十四年（1705）灞桥再次圮坏，不仅对东西官道往来、公文递送、军队换防影响甚大，而且严重影响到商贸流通和民众生产、生活，因而乾隆二年（1737）四月至三年（1738）三月陕西巡抚崔纪在任期间，提出以银12400余两重建灞桥的规划，可惜未能付诸实施。乾隆九年（1744）至二十二年（1757）年间，曾四任陕西巡抚的陈宏谋再度提出重建计划，亦因种种原因搁浅。从乾隆二十五年（1760）开始，新一轮的灞桥重建筹划启动，并在乾隆二十八年（1763）至二十九年（1764）间，开展了大规模重建灞桥工程。西安、同州、凤翔三府士绅、商贾等共捐银52687两，修建了长67丈、有55个桥洞的灞桥。可惜，石桥修成不久就被冲毁了。乾隆四十二年（1777）至四十七年（1782）间，陕西巡抚毕沅等人一度制订过灞桥重修规划，开展了一系列查勘、筹建活动，计划中的重建技术尤具针对性。后来由于毕沅调任河南巡抚，雄心勃勃的灞桥重建规划终成泡影，而规划方案自此再也未被人提起过。

乾隆后期，灞河交通依赖于渡船和浮桥，实属不便。道光十一年（1831）起又有重建灞桥之议，并于道光十三年（1833）至十四年（1834）间，由陕西巡抚杨名飏奏准，经西安、同州两府士民捐款124140两白银，建成了一座长期

清末灞桥一景

使用的坚固石桥。这次重建是清代灞桥建修史上里程碑式的事件，奠定了此后100余年灞桥持续使用的基础。此次建造的灞桥长134丈，设67孔，直竖408座砥柱，桥面宽2.8丈，高1.6丈。

同治十三年（1874），陕西布政使谭钟麟与僚属捐银约10000两，由咸宁知县易润芝主持重修灞桥，长150丈，宽3丈，设72孔，"遂成巨观"，规模较道光年间有所扩大。重建后的灞桥一直沿用，1957年改建为公路桥时，石墩依旧牢固，河床护底完整无损。

胜迹园林

龙首渠

龙首渠是明清西安城最重要的供水渠道之一，在军民饮用、城壕灌注、环境美化等方面发挥了重要作用，是明代至清前期西安城区社会发展的保障因素之一。

明洪武初年西安城扩展之后，驻军、居民人数大为增加，灌注护城河、日常汲引、园林绿化等方面的用水量激增，而元代所修引水渠道早已湮废，陕西官府遂于洪武十二年（1379）在朝廷支持下开浚龙首渠，引城东浐河水入城。

龙首渠始凿于隋初，为唐长安城的重要引水渠道之一，先后在宋元时期得以疏浚并引水入城，明初借助前代工程基址重新疏凿，费时较短，工程量也较小。

龙首渠源于秦岭北麓大义峪，上半段从大义峪口引水至鸣犊镇桥头入浐河，下半段则从留空引浐河水至西安城东门入城。龙首渠自引水渠口至城区的长度约为70里。该渠供水网主要集中在城市东部，供给对象是以秦王府城为重点的城东区宗室、官宦府宅，如秦王府、临潼王府、汧阳王府、合阳王府、保安王府、杨大人宅等。

明代中央和地方政府在开凿龙首渠之外，亦重视渠道系统的维护。洪武十二年（1379）龙首渠开通，洪武二十九年（1396）明太祖朱元璋即下令疏浚引水渠道。此次修治，一是疏浚城外经过黄土台塬地区的引水渠道；二是为城内渠道"覆以石甃，以障尘秽。计十家作渠口一，以便汲水"，即在确保城外渠道畅通的基础上，保证城内的渠水卫生。此距明初开凿龙首渠仅17年，足以反映出明中央政府对西安城供水问题的重视。城内渠道以石甃砌成暗沟形式，坚固耐用，

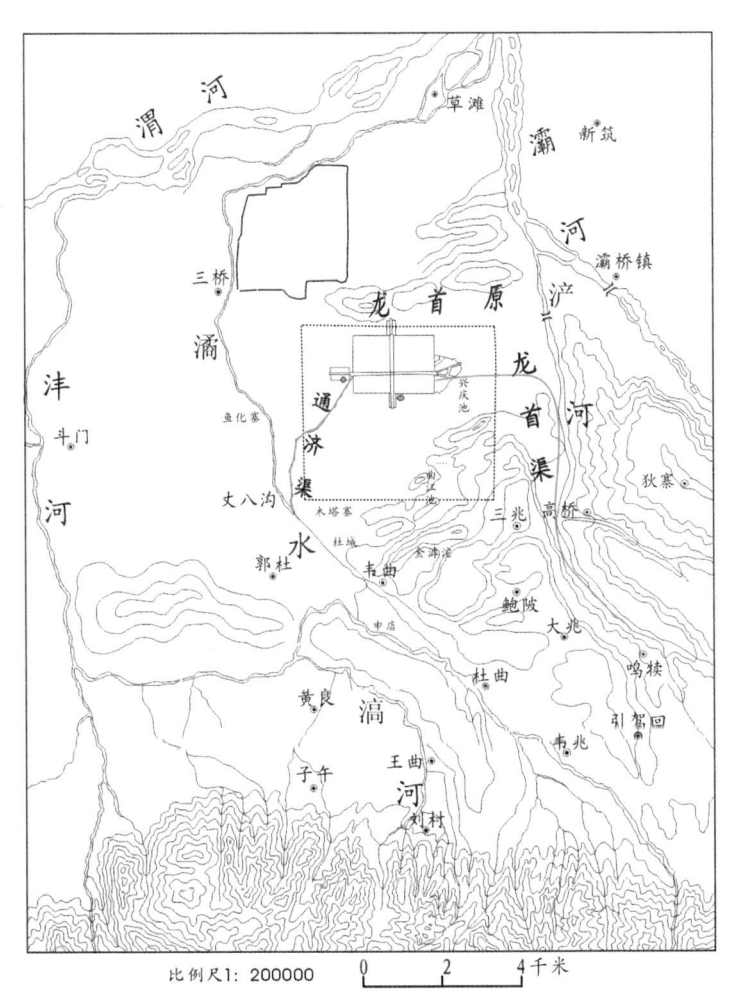

明清西安龙首、通济二渠流路示意图

亦防渠水污染，在保证饮水卫生方面较明初前进了一大步。此后，龙首渠又经弘治十五(1502)年陕西巡抚都御史周季麟、西安知府马炳然、康熙三年（1664）陕西巡抚贾汉复、乾隆二年（1737）陕西巡抚崔纪、乾隆三十九年（1774）陕西巡抚毕沅、道光五年（1825）陕西巡抚卢坤等多次重修。

由于龙首渠流经黄土台塬，时日稍久便易引起渠道崩塌，这是其多次维修并终为通济渠取代的重要原因。乾隆中期重修西安城垣时，入城水门被废弃，此后龙首渠水仅用于灌注西城壕，而难以为城区供水。

通济渠

通济渠是明清西安城与龙首渠并称的两大供水渠之一，在军民城防、生产、生活、人居环境美化等方面发挥了重要作用，为明清西安城军事、经济、文化等的发展提供了坚实保障。

成化元年（1465），在龙首渠供水量有限、利用日少、缺用日多的情况下，陕西巡抚都御史项忠与西安知府余子俊等主持新开了通济渠，从城西引交河、潏河水入城，在灌注东城壕的同时，形成城内的通济渠供水网，与龙首渠供水网相互衔接，二水相济，为城区居民供水。二渠开凿虽有先后之分，但通过"会通点"可使二渠渠系形成统一整体，城内供水不致因其中任何一渠的湮废而受到重大影响。

通济渠在城内的流路远较龙首渠长：自城西入，自城东出。其水网不仅覆盖城西大部地区，且是城东区和城壕用水的主要来源。通济渠分作三脉，流经官府、民宅之间，特别是被引入城西的宜川王府、兴平王府、永寿王府、陕西贡院、西安府署、布政司署、莲花池、最乐园等处，城东秦王府城、东关景龙池等亦有引入。"金城汤池兮百二独雄，授蓝曳练兮声漱玲珑，烟火万家兮仰给无穷"，正是通济渠开浚后西安城供水充盈的最好写照。通济渠自丈八沟设闸处至西门渠长与城内渠长合计约38里。通济渠除给城区供水外，也有灌溉郊区农田的功能，每年四月以后截水灌田，八月以后放水灌注城壕，以增强城垣的军事防御能力。

在开通之后，通济渠历经弘治十五年（1502）陕西巡抚都御史周季麟、康熙六年（1667）陕西巡抚贾汉复、嘉庆九年（1804）陕西巡抚方维甸、道光年间西安知府叶世倬、光绪二十四年（1898）陕西巡抚魏光焘、光绪二十九年（1903）陕西巡抚升允等主持重修。

乾隆中叶，出于军事防御之需，在维修西安城墙时堵塞了二渠水入城的水门，直接导致龙首、通济渠水无法引入城内。自此开始，通济渠再也未能恢复往日的引水盛况。光绪二十九年，陕西巡抚升允奏设水利军四旗，修浚了通济渠，渠水一度流贯城区，但延续时间不久，渠道终遭废弃。

西门瓮城大井

西门瓮城大井是清代中后期西安城区最重要的供水水源，在龙首渠、通济渠难以引水入城之后，成为西安城居民饮用水的主要来源。

西门瓮城大井

康熙六年（1667），陕西巡抚贾汉复在疏浚通济渠之际，有"善识井脉"的工匠建议在西门瓮城中开凿一口井。此井开凿成功后，供水量充沛且水质甘甜，即便遇到大旱年份，井水也畅旺不涸，能够供给大量人口饮用。西门瓮城大井的开凿对乾隆中叶废弃两渠入城水门起到了推动作用，后世有的修志者认为此井一开，城内汲引"无藉渠水"，以致有"此井开而通济遂废"的说法。

由于西门瓮城大井供水量巨大，曾被称为"长安第一景，四个辘轳八个桶"。光绪十七年（1891）时就有供"合城之人汲饮"的明确记述；光绪二十七年（1901）亦有"瓮城内大井水最甘，一城皆取汲于此"，足见瓮城大井的供水范围已经包括全城各处居民。由水夫用水车将井水运往大街小巷各处，售卖给住户饮用、做饭，成为古都西安的一道独特风景。

秦王府园林

明代秦王家族以其政治上的显赫地位和经济上享有的诸项特权而在府宅内大规模营建园林，成为明代西安城市园林中最为引人瞩目的组成部分。

明代秦王号称"天下第一藩封"，军政地位极高，且有"天下诸藩无如秦富"之称，经济实力雄厚，因而能够在其所居的秦王府城中建设布局构景极具匠心、景观层次十分丰富的园林。秦王府城从整体上看宛如一座大花园，秦简王朱诚泳在《小鸣稿》中即描绘说"府城外内，水陆草木之花甚多"。秦王府园林主要由三部分组成：砖城内东部书堂附近为秦王及其子弟读书之所，园林意境高雅清幽；后花园规模较大，花草树木种类繁多，充分体现了王府园林的风格；护城河园林则以广阔水面和莲花为主要特色。秦王府园林中池塘的构景之功颇为突出。池中鱼、莲动静相映，池畔假山亭阁倒映水中，四周花树团簇，品类奇异。成化年间秦简王朱诚泳有诗赞云："朱明守夏熏风凉，花开正作黄金妆。红者惟红白者白，宫城十里飘清香。金鱼无数长过尺，出水荷翻尾摇赤。"

陕西省政府大院（明秦王府城旧址）

　　作为秦王府园林的主体，后花园规模远较书堂周围园林为大，且蓄养孔雀、仙鹤等珍禽。后花园中各色牡丹竞吐嫩蕊，广达数亩，其间孔雀时翔时栖，鸣叫不已。宾客进奉的数只仙鹤也为秦府园林增色不少。

　　秦王府城双重城墙之间有护城河环绕，有明一代，其军事意义相对较弱，而成为秦王着力营造的大规模园林化区域，成化年间秦简王营造尤多，引龙首、通济渠水入城河中，形成深3丈、宽5丈、周长超过5里的水面。城河中种植莲花，建造亭台阁榭，实为消暑纳凉的佳地。秦简王称其景色可与西湖相媲美。秦王府园林营建规模大，其中动植物及建筑材料的来源广。不仅园中的孔雀、仙鹤来自南方，园中花草也是"钱刀不惜走天涯，殷勤远致江南花"。累叠假山之石源出华山，千竿翠竹移自渭川。

　　入清之后，秦王府城被圈入西安满城之中，改建成了八旗军兵操演的教场，昔日优美的园林景致自此无从寻觅。

景龙池

景龙池（又称兴庆池、九龙池）是明代秦王在西安城区的离园之一，具有遗址和园林的双重性质。经历世秦王营建，景致优美而古雅。

景龙池原为唐都长安南内——兴庆宫内的水域，素以水色湖光著称。宋元时期景致仍有唐时风韵，"广袤五七余里，荷菱藻芡弥望，岸旁古垂杨甚多"，呈椭圆状。明代初年，太祖朱元璋将景龙池连同附近基址赐给秦愍王，作为其游赏的离园（亦有"外苑"之名）。作为唐代皇家园林旧迹，这里古藤老木、修竹流泉，四时花木甚盛，尤其是有诸多珍稀牡丹品种。明代时，沉香亭故址犹存，花萼楼余址亦依稀可见。历代秦王采取了保存旧迹的做法，并未在这里大加兴建，仅是将残碑断碣竖立起来，建亭刻诗，此举反而令古迹园林更有韵味。明秦简王朱诚泳曾撰《兴庆池》诗云："歌台落

兴庆公园（明秦王离园景龙池旧址）

兴庆公园

寞俱陈迹,小殿荒凉有断碑",确实"令人有怀古之兴"。

　　景龙池虽是秦王府的一处离园,但当时社会上层人士多有受邀入内游赏、饮宴者,属于西安城官僚仕宦的重要交往空间之一。如今,景龙池已是兴庆公园的重要组成部分,成为西安市民平常休闲游憩的好去处。

莲花池

　　莲花池在明代为秦王的一处离园,清代则作为西安城内的公共游赏胜地,如今已改建为莲湖公园。

　　明代,秦王除城东景龙池外,在西北城区亦有莲花池和最乐园两处相邻的离园。莲花池与最乐园的池水均为城西通济渠引交河、潏河水灌注而成。秦王曾在莲花池畔兴建"莲

莲湖公园莲花

池寺"，作为王妃拜佛祀神之所。莲花池西南侧的最乐园中则有台池花榭，为秦王游宴之所，"非贵客骚人不得游赏"。

入清之后，莲花池改为公共园林，最盛时的水面十分广阔，其上水鸟翔集，其中鱼莲辉映，泛舟于此，宛如置身江南水乡。莲花池不仅以其美景引人观赏，而且在当时有利于排泄龙首、通济二渠的余水。另外，广达数顷的水面也对改善城市湿度、温度、减少风沙等起着重要作用。

民国时期，莲花池改为莲湖公园，供大众休闲游赏，延续至今。

文化教育

正学书院

正学书院是明代西安城中规模最大的书院之一，位于今西安正学街西侧。明代大儒冯从吾认为该书院足以与白鹿书院、岳麓书院、嵩阳书院、睢阳书院等著名书院"并重宇内"。

该书院传承自元代的鲁斋书院，而其学术渊源可上溯至北宋张载的关学一脉。北宋时，关中理学大师张载曾在长安讲学，倡导正学，以礼为教，主张"学贵有用"，注重实际，不尚空谈。蓝田三吕（大忠、大防、大钧）均为其门下弟子，关学彰显一时。至元代，名儒许衡（号鲁斋）来西安讲学，教育成效显著。后来，陕西官府在此基础上开办鲁斋书院，合祀张载、许衡、杨元甫等名儒，朝廷亦赐给图书和学田，以培养学生。明前期，该书院基址被兵民长期占据。弘治九年（1496），提学副使杨一清等官员计划重修书院，但在原址难以兴工。秦简王朱诚泳遂将一处王府地产捐出，用于兴建正学书院。

书院基址分为三区，中为祠堂，左为提学分司，右为书院。祠堂包括正学祠和历代名臣祠，仅正学祠就祭祀程颐、程颢、张载等多达35人；书院通过抄录和藏书家捐赠等途径收藏了大量图书；嘉靖初年，地方官府又为书院购置400亩学田。这些均促进了书院的快速发展。

嘉靖、万历年间撰成的《正学书院志》表明，该书院充分继承了宋元以来的关学道统，在承继、发展传统关学学说方面贡献巨大，其发展受到地方官员的高度重视，教学成果显著，培养了大批人才。仅在弘治九年重建后的三次科举中，就有81名学生中举，10人高中进士。值得一提的是，名儒康海、冯从吾等均曾在此求学。

康熙六十一年（1722），由于川陕总督衙署建设拓地之需，正学书院被并入关中书院，由此结束了明清西安城正学与关中两大书院"双雄并峙"的时代。

关中书院

关中书院是明清两代在全国范围内都享有盛名的书院，在西安诸书院、学校中影响最大、历时最久，院址也最为稳定，位于书院门，今为西安文理学院分校。明代大儒冯从吾曾赞誉关中书院堪与白鹿书院、岳麓书院"并名不朽"，而清代官至陕西布政使的樊增祥更是认为"宇内四大书院，岳麓、梅花、白鹿，犹逊关中"。

关中书院作为明代中后期西部最为著名的书院之一，以名儒冯从吾于此主讲而在国内影响颇大。冯从吾为陕西长安人，官至工部尚书，后遭朝中政敌排挤，返抵家乡，"绝径杜门，研精耽道"。万历三十六年（1608）起，冯从吾讲学于西安城内宝庆寺，慕名求学者日渐增多，该寺难以容纳。万历三十七年（1609），在陕西布政使汪可受、按察使李天麟等支持下，在宝庆寺及其以东"小悉园"址创建关中书院，中堂悬挂"允执"匾额，最盛时学生多达5000余人。

明天启五年（1625），由于皇帝"诏毁"天下书院，关中书院亦难逃被拆毁的命运。关中书院在明末清初之际，教坛冷落，极大影响了西安乃至陕西文化教育的发展。康熙三年（1664），关中书院在陕西巡抚贾汉复的倡建下得以重兴，同时又是全省文教主管机关督学使署所在地。至康熙六十一年（1722）督学使署移驻三原，正学书院并入关中书院，二院合一，院事复又渐次振兴。雍正十一年（1733），朝廷向关中书院赐帑银1000两，增加师生膏火。乾隆二十一年（1756），乾隆御赐该院"秦川浴德"匾额，关中书院声势重新高涨起来。关中书院不但规模宏大，环境优美，设施完善，而且能吸引延聘省内外名士前来讲学。清代关中著名学者李二曲、刘古愚、牛兆濂等先后于此设坛讲学。甘、川、豫、鄂等邻省负笈前来就学之士络绎不绝，"环而听者，常过千人，坛坫之盛，旷绝今古"。乾隆三十六年（1771），护理陕西巡抚毕沅延请江宁进士戴祖启讲学期间，又在全省生徒中选择招收有潜质的学生，悉心培养，数年之后，书院学生考中举人、进士的比例大增，"一时称盛事"，为西北地区人才的培养和选拔贡献颇巨。咸丰、同治年间，西北地区的战乱严重影响了关中书院的发展。

光绪十二年（1886），陕西巡抚叶伯英等人为关中书院筹款，购置大量图书，其中从天津购书328种，从上海、三原等地购书83种，涉及经史子集、天文地理、水利农田、兵刑

关中书院

钱谷、小学、说部、算学等,又在书院170余间斋房基础上添建志学斋房28间,扩大了校舍规模。光绪三十二年(1906),陕西巡抚恩寿、布政使樊增祥将关中书院改为两级师范(设有优级选科和初级完全科)学校,成为陕西创办师范学校之始。民国元年(1912),该校易名为"陕西第一师范学校"。

正学、关中两大书院的变迁表明,由官府倡建、名儒主办的书院常受各种主客观因素影响,尤其是政令、战乱等极易造成书院发展的跌宕起伏。

鲁斋书院

鲁斋书院是元明清时期西安城延续历史最久的书院之一,院址位于今西安东关八仙庵南侧。元延祐二年(1315),为发展陕西教育事业,纪念著名学者许衡(号鲁斋),御史中丞赵世延倡议在奉元路城兴建鲁斋书院，本地人士王庭瑞积极响应，以其住宅改建而成。

书院中设有夫子燕居殿、讲堂，格物、致知、正心、诚意四斋，以及祭祀许衡的祠堂。元代奉元人同恕执教书院期间，"先后来学者千数"，教学内容以孔孟儒学、程朱理学为核心。

明代中期以后，书院发展停滞，故址被兵民占据。清嘉庆八年（1803），咸宁县人王纯敬捐资，在东关长乐坊原址设立义学一所。光绪三年（1877），复建书院，建正殿三楹，文昌庙一座，惜因经费不足中辍。光绪十一年（1885），署盐法道黄嗣东捐廉集资，与咸宁知县樊增祥在西安东关城春明学社旧址续建鲁斋书院，延聘清末著名教育家贺瑞麟主讲，阐扬关学，听讲者100余人。光绪十八年（1892），咸宁知县焦云龙在任期间也筹助鲁斋书院经费，延聘"道德之士"主讲朱熹《小学》等书，"以端士本"。光绪二十六年（1900）八国联军侵犯北京，慈禧太后与光绪皇帝"西巡"西安，进东廓门，咸宁、长安两县官员、缙绅学士以及书院师生曾于院门外跪迎。

清末朝廷施行学政改革期间，鲁斋书院于光绪二十九年（1903）改为咸宁县官立两等小学堂，光绪三十年（1904）改为高等小学堂。民国建立后，原高等小学堂停办，东关民众一度在原鲁斋书院旧址集资设立私塾，蓝田大儒牛兆濂先生曾来此主讲。其后随着城内公立、私立学校不断出现，私塾遂停办。原鲁斋书院屋舍逐渐被住户、店铺占据，再也难寻旧迹。

养正书院

养正书院为清代西安城重要书院之一，位于今西安碑林区开通巷北段西侧。

乾隆三十八年（1773），咸宁、长安两县分别在东关城、西关城兴建春明、青门学社，作为培养两县生童之所。每年各由官府划拨当商生息银60两，用于维修校舍等开支。后两学社由于经费不敷而逐渐停废。嘉庆七年（1802），清军同知叶世倬在东关卧龙巷购买房屋，将两所学舍合并，开办了养正书院，成为当时与关中书院并列的重要教育机构。道光年间（1821—1850），养正书院更名为崇化书院。光绪十七年（1891），咸宁县令焦云龙、长安县令胡升猷奉命将崇化书院移建到东厅门咸长考院（约今东厅门路北原西安高级中学东侧）以东。光绪二十四年（1898），在清末学政变革中，陕甘总督陶模、陕西巡抚魏光焘在"自强之道，以作育人才为本；求才之要，尤宜以设立学堂为先"的认识下，将崇化书院与咸长考院合并，创设"格致学堂"，名为"游艺学塾"。他们充分参考了东部发达地区的办学实际状况，因地制宜地发展本地教育事业。由官府通过捐款和划拨生息银等方式，提供了充裕的经费，并遴选"公正绅耆"管理经办，延聘教习，考课生徒。还下令在天津、上海等地购买图书、仪器，以便学习"制造"等技术。

陶模、魏光焘等十分重视中学与西学的融会贯通，因而在课程设置上，一方面强调学生应"尊崇经训""博综子史"，另一方面要"参考时务，兼习算学"，延聘教习为学生讲授天文、地理、兵学、农学、工商学、物理学（电学、声学、光学）、化学等"一切有用之学"。

从养正书院到游艺学塾的发展变迁，反映了西安城从封建时代后期的传统儒学教育到近代中西学兼备的教学变革过程。

少墟书院

少墟书院为清代西安城重要书院之一。清代西安西关城曾设有长安县青门学舍（约在今西关正街西安市第四十二中学校址），其旁建有纪念明代大儒冯从吾的冯公祠。后学舍停废，专祠由于兵燹被毁。光绪十六年（1890），鉴于"关中夙称理学之区，自宋张载讲明正学，名儒辈出"的文教传统，陕西巡抚陶模奏请由官绅捐资重修冯公祠，并在青门学舍旧址附设书院，培养学生。书院即以冯从吾号"少墟"为名。重建工程由长安知县焦云龙与该县乡绅柏景伟主持。焦云龙率先捐银1000两，在西安发起倡捐活动。当时有一位旗籍的省级官员正准备捐银200两以示表率，听闻焦云龙捐款之事后大为不满，鼓动部分官绅、学生联名上书陕西巡抚陶模，指称焦云龙和柏景伟重建少墟书院属于沽名钓誉，一时"风潮汹汹"。而巡抚陶模十分支持焦云龙的倡捐之举，认为其系地方官，率先捐款无可非议，此后才风潮平息。书院建成后，柏景伟继续在此讲学。书院经费有本银1400两，学田达300余亩。

少墟书院的兴建是清后期陕西巡抚陶模、长安知县焦云龙等地方官员和士绅重视文教、兴复关学的重要举措，而其中因捐建引发的风潮，也反映了清代西安城市社会中官员、士绅、学生等群体的复杂关系。

陕西高等学堂

陕西高等学堂是清末陕西省等级最高的学府，是近代陕西高等教育发展的起点。原址位于今西安端履门大街以东。

清朝后期，在京师设立大学堂，天津、上海等处奏设头等学堂的教育变革大背景下，光绪二十八年（1902），陕西巡抚升允奏设陕西大学堂，由陕西布政司拨银2万两，兴建校舍，购备书籍。其基址包括东厅门附近的咸长考院与崇化书院，占地规模较大。陕西大学堂在创办过程中，积极借鉴北京、上海、山东及东南各地开办新学的经验，制定学堂规章，建筑风格则参照湖北学堂，融合本土与西洋风格，教学中积极延聘足立喜六等日本教习。这些举措均表明地处内陆的西安在创建新学方面的开放性、先进性。

光绪三十一年（1905），巡抚夏旹遵照朝廷谕令，将陕西大学堂更名为"陕西高等学堂"，仍属于陕西等级最高的学府。更名之后，陕西官府继续为该校投入大量经费。以银10万两作为本金，放贷获息，这笔利息收入加上提学使司每年的拨款，合计1万两，作为日常支出经费；学堂初创期仪器购置费用较高，其中博物仪器耗银1500两，理化仪器耗银4000两。由于高等学堂学生皆官费生，每人每年需津贴

60两，实验费需20两。学堂以300名学生计算，年经费约需2万两以上。

陕西高等学堂开设的课程可谓融汇古今、兼通中西，包括中文、英文、日文、历史、算术、理化、体操、地理、传统经典等，由此培养的学生整体素养较高。1910年，《泰晤士报》记者莫理循就称赞该校"校舍漂亮、教室整洁"。英国浸礼会传教士莫安仁对该学堂餐厅的清洁程度也颇多赞许。在1911年辛亥革命中，陕西高等学堂遭到严重损毁，尤其是化学、物理实验室中的精密仪器被破坏殆尽。

以陕西高等学堂为代表的新型学校的次第建设，使古都西安的文教面貌发生了巨大变化，西安作为西北文教重镇的地位更为巩固，影响至今。

存古学堂

在西安各新式学堂纷纷兴办，极力推广欧美西学之际，1909年，陕甘总督升允、陕西巡抚恩寿为"崇正学而保国粹"，参照湖北、江苏等省做法，奏请在高等学堂之外，设立存古学堂，以讲求中学。此举主要是考虑到风气渐开，而部分学生"吐弃故常，偏重新籍"，在潜心学习西方科学的同时，对于本国经史文学反而不求甚解。朝廷批准后，陕甘总督升允、陕西巡抚恩寿下令在原陕西贡院旧址（今西安贡院门儿童公园）设立存古学堂，讲求经史辞章，辅以舆地、算术等科目，重点在于传承国学。这在当时科举已经停废的情况下，实属难得。

为此，存古学堂聘请了前太常寺少卿、有"宿学耆儒"之称的高赓恩担任校长，并延聘各科教员，开展教学工作。学堂学生在举人、贡生及中学堂毕业生中通过考试遴选，生额定为50名。学制三年，毕业后优秀者升入专门大学，继续深造，其余则可担任中学教员，传习国学。毕业奖励办法均仿照湖北学堂的奏准章程办理。该校日常经费由陕西布政使司设法筹拨。

存古学堂的设立在儒学衰落、新学勃兴的大背景下，颇有反潮流而行的意味，对当时"偏重新籍"、轻视国学的教育误区具有积极的纠偏作用。

陕西武备学堂

陕西武备学堂（后改为陕西陆军小学堂）是近代陕西最早的专业军事学校，其创设与发展强化了西安作为"文修武备"文教重镇的地位，为培养西北地区军事人才做出了重要贡献。原址位于今西安市西关正街西段路北。

光绪二十四年（1898），陕西巡抚魏光焘、陕西学政翰林院编修叶尔恺奏准，在西安西关城内的养济院旧址创立武备学堂。此举也是在推广新学背景下改变武科考试方式（即"武科改制"）的重要举措。该学堂以吸收西方军事人才培养理念，采用新型操练方法和军械，培养具有综合素质的职业军人为宗旨。学堂吸收武举人、武生、武童入堂学习，一改传统的骑马射箭、阵法等科目，而主要练习"洋操"，演练新式枪炮，

"整军经武，以图自强"。官府希冀通过武备学堂的设立来从根本上改变陕西军队的面貌，提升战斗力。

魏光焘在创立武备学堂的同时，增设有随营学堂。光绪二十八年（1902），陕西巡抚升允将二学堂合并，统名为"武备学堂"。光绪三十四年（1908），陕西巡抚曹鸿勋借鉴各省军事学校办学惯例，将之更名为"陕西陆军小学堂"。陆军小学堂在原武备学堂基础上，建筑规模大加扩充，功能也更为完善，校内建有讲堂、礼堂、自习室、操场、食厅、斋舍、会议厅、接待所、浴室、病室，亦置备有各类图书、仪器等。

该学堂初设时，曾从北洋学堂调派精通西洋战法，且能够讲授舆图、测算等科目的两名学者担任正、副教习。光绪三十年（1904）二月，日本学者早崎梗吉受聘担任学堂教习。在录取学生方面，魏光焘一改旧规，允许旧制文生、文举人也参加招考。招考的学生来自陕西省内各县，考取者分为"正课""附课"两大类，各60名，所谓"生徒多西土英髦，开风气而群思袍泽"。正课生每月有赠银，附课生无赠银。相较于普通新式学堂，军事学堂的经费开支明显较高。陕西陆军小学堂的开支经费分为"额支""活支"两类，合计3年需银10余万两，用于支付总办、监督等管理人员和教师薪酬，以及学生餐食、灯油费、纸笔墨被服等开支。

学堂开办之初，在课程设置上，充分考虑到武生童的接受能力，先以学习马步枪炮为主，以刀矛牌为辅，采取了因材施教的方式。每月举行一次公开操演，由陕西巡抚、西安知府等检阅，表现优秀者给予奖励，劣者降黜。随着学校的发展，课程设置更趋体系化，分为内场与外场两大类。内场科目有兵法、堡垒、枪学、炮学、算法、测量、绘图、汉文；

清末陕西陆军小学堂学生

外场科目有行军、野战、枪炮打靶、挖筑沟墙以及各种体操。光绪三十一年（1905），在经上述科目考试合格后，陕西武备学堂首届学生有72名毕业，分为最优等、优等、中等三类。毕业生随后进入陕西省添设的两旗常备新军担任"哨弁"，以培训士兵新操。

1910年1月31日，《泰晤士报》记者莫理循在西安考察了陕西陆军小学堂的校舍与师生状况，称赞该校以近代化的方式建起了整洁的校舍，配备了齐整的教具；该校教习均曾在日本接受过军事训练；学堂的200名学生每天都接受军事训练。莫理循对此评述称："古老的中国在觉醒，尚武精神与西式教育在广泛传播。"

陕西法政学堂

陕西法政学堂是近代陕西最早的法律专业学校，建于光绪三十三年（1907），位于西安城内西北隅万寿宫旧址，约今西安市莲湖区莲湖小学一带。

在清末新型专门学校如雨后春笋般纷纷兴建之际，出于培养法律专门人才和地方管理人才的需要，光绪三十三年（1907），经陕西巡抚曹鸿勋奏请，将陕西课吏馆改建为陕西法政学堂，"以改良吏治，培养佐理新政人才为宗旨"，即重在培养行政和法律人才，为地方州县管理储备后备力量。曹鸿勋在改建课吏馆时，不仅增建了讲堂，还添葺了食堂、教员宿舍，专门购地修建了操场。法政学堂经费分为活支、额支两类，每年需银共计24000余两，由陕西布政使司筹拨，按月由学堂造册报巡抚及藩司稽核。

在法政学堂开办之初，额定学员100名，学员以年龄在50岁内、文笔清通、精力强壮、无不良嗜好者为合格。在聘任教员方面，除传统教员讲授律例会典、历史掌故等"旧学"内容外，也新聘了包括日本教习吉川金藏等在内的国内外学者，讲授中外法律。在学制方面，该学堂参照北洋法政学堂简易科办法，分为行政、司法两门，学完三学期（即1年半）方可毕业。所学课程包括《大清律例》、《大清会典》及政治学、经济学、财政学、宪法、行政法、刑法、民法、商法、国际法、地方自治论、选举制论、裁判所构成法、户籍法、警察学、监狱学、统计学、历史、地理、日文、体操等。采用的教材主要系近代日本法学家编纂的课本，如法学博士小野塚喜平次编纂的《政治学》、法学博士美浓部达吉的《行政法总论》、法学博士冈田朝太郎的《刑法总论》、法学博士梅谦次郎的《民法总则》、法学博士志田钾太郎的《商法总则》等。

法政学堂对学生管理颇为严格，禁止学生沾染不良嗜好，如果有品行不端或荒废学业等情况，则由提调禀明总理、监督，立予退学；亦要求学生潜心读书，平日不得无故旷课，如有要事必须请假，请假须呈交请假凭单，注明缘由及限期，以备稽查。法政学堂的考试分为四种：月考、季考、学期考、毕业考，在举行学期考和毕业考时，往往由陕西巡抚督率总理、监督、提调等管理人员到场监督考试。

陕西师范学堂

陕西师范学堂是近代陕西最早的以培养教师为宗旨的新式学校，由陕西巡抚升允于光绪二十九年（1903）奏建，位于关中书院旧址，后又称"陕西第一师范学堂"，内附设有两等小学堂。

陕西师范学堂所在的关中书院旧址，至清后期格局仍保存完整。校园中有两层的斯道中天阁，收藏有"四书""十三经"的刻版，其东侧有祭祀明代大儒冯从吾的"冯恭定祠"。校园环境轩敞优美，古色古香。

开办之初，陕西师范学堂常年经费约需银 6000 余两，主要来自原关中书院旧有生息银 3190 余两，以及督粮道每年捐廉银 3000 两。1907 年，日本东亚同文书院豫秦鄂旅行班学生在西安考察期间，曾前往陕西师范学堂参观，称该校在理化、博物、机械等学科方面的设施、实验设备十分完善，"远在高等学堂之上"，很重要的原因之一就在于陕西师范学堂每年经费高达 3 万两，比高等学堂还多 1 万两。

从 1910 年《学部第一次审定中学堂、初级师范学堂暂用书目》可以看出，陕西师范学堂学生不仅要学习传统文史，如《御选古文渊鉴》《蔡选古文雅正》《唐选古文翼》《姚选古文辞类纂》《黎选续古文辞类纂》《贺选经世文编》等，而且还要学习《初等国文典》《伦理学教科书》《中学堂用修身教科书》《东洋历史》《西洋史要》《最近统合外国地理》《中外舆地全图》等，以及英文、算学、科学等相关教材。

陕西师范学堂是近代陕西聘请日本教习最多的新式学堂之一，先后有毕业于东京高等师范的田中久藏（东京府人）、森孙一郎（岐阜县人）、中泽澄（山梨县人），毕业于日本大学的吉川金藏（东京府人），及毕业于东京美术学校的松里政登（福冈县人）受聘，于1906—1909年前后在该校授课。其中，松里政登于1899年毕业于东京美术学校日本画科，后为冈山县师范学校教谕，1908年陕西师范学堂通过赴日的庶务长缪延福、斋务长周镛与其签订聘任"契约"，由其担任陕西师范学堂教习（图画科）兼高等学堂图画科教习，以及中学堂讲师，聘期一年。

在清中央政府和陕西地方官府推行新学的过程中，陕西师范学堂培养了一大批教育人才，活跃在众多新式学堂当中，促进了西北地区教育近代化的发展。

陕西女子师范学堂

清代后期，随着风气渐开，陕西官府与社会也日益认识到妇女教育的重要性，加之英国浸礼会率先在三原开办女童教育，对于提高妇女独立自主意识，改良社会风气具有积极作用。在此背景下，陕西巡抚恩寿、提学使余堃于宣统二年

（1910）奏准创建近代陕西最早的女子中等师范学校——陕西女子师范学堂，位于省城西安梁埠街（在今青年路东段）。

陕西女子师范学堂在创建之初，综合京师女子师范学堂、天津严氏女塾的办学模式和规制，先开办简易科，聘任两名女教习授课。在课程安排上，基本科目与男校大致相同，但增加了符合女生特点的学习内容，包括烹饪、缝纫等科。学制为5年。

虽然陕西女子师范学堂开办时间不长，就由于辛亥革命爆发而中辍，但依然在近代陕西女子教育史上留下了浓墨重彩的一笔。

陕西巡警学堂

陕西巡警学堂是近代陕西最早培养专业警察的学校，堪称清末西安城新式学堂中最具"尚武精神"的学校之一。

光绪三十二年（1906），为了培养"学""术"双优的新型警政人才，陕西巡抚曹鸿勋在西安北院东侧抚标中营箭道及附近支应局旧址上创办巡警学堂，对原有房屋略加修葺后，即开始招生办学。在创建之初，基于"一切俱归简要，期于速成"的原则，学习科目包括警察、法律、兵式、体操等。光绪三十四年（1908），陕西巡抚恩寿将之改为高等巡警学堂。学生毕业后，负责城乡治安事宜，包括站岗禁斗、察奸查匪、清洁卫生、管理演说、集会、著书、词讼案件、传人、掌刑等。

由于巡警学堂办理颇有成效，宣统元年（1909）西安将军文瑞还在满城的320名巡警中挑选身体健壮、文义明通者，送入巡警学堂深造，在其肄业后分别派充巡弁、巡长，以提高满城巡警的执法能力。

陕西陆军中学堂

陕西陆军中学堂为清后期全国四所陆军中学堂之一，是近代陕西等级最高的军事学校。

光绪三十年（1904），陕西巡抚升允奏准在习武园创建陕西陆军第二中学堂，旨在培养训练有素的高级别军事训练和管理人才，与北京清河的陆军第一中学堂、湖北武昌的陆军第三中学堂、江苏南京的陆军第四中学堂并列为全国四大陆军中学堂。陆军中学堂与陆军小学堂经费每年从陕西布政使司划拨40000余两白银。

清末陕西新军风貌

陕西陆军第二中学堂接收陕西、甘肃、四川、新疆等四省陆军小学堂的毕业生，学生数额为340人，学习步、马、炮、工、辎重等专业。参照当时陆军小学堂的课程安排，中学堂所习科目大致也可分为"普通课目"和"训练课目"两类。普通科目包括修身学、国文、外文（日、英、俄、德、法文选一）、历史、地理、算学、格致、图画等，训练科目包括训诫、操练、兵学、游泳等。

该校学生毕业后，先分派到陆军部队受训半年，再进入陆军军官学堂深造。毕业后分赴各省陆军部队见习半年，之后即可担任陆军部队军官。

三原宏道高等学堂

三原宏道高等学堂是清末陕西设立的高等学校，其地位堪与省城西安的陕西高等学堂相提并论。

光绪二十七年（1901），陕西官府将泾阳县味经、崇实两书院与三原县宏道书院合并，创立三原宏道高等学堂，年经费额为8600余两白银，用于教习薪水、诸生膏火及常年修置等开支。

三原宏道高等学堂从事管理、教学和辅助的人员分工细致，职责明确，包括监督、教务长、庶务长、斋务长、教员、掌书官、杂务官、会计官、文案官、监学官、董事、级长、堂役等类。其中以"教习"（即教员）教学授课最关紧要。

该校在创办之初，就广为延聘中外教习前往执教。1903

年，日本学者小山田淑助受聘于此，教授日文、图画、格致、博物、体操等新学科目。此后相继又聘早崎梗吉主讲图画、兵学、化学、日文，聘请原日本御影师范学校教员谢花宽功讲授物理、化学、数学，聘佐藤进三教博物。此举足见三原宏道高等学堂在当时具有颇为雄厚的外籍师资力量，并不逊色于省城西安的陕西高等学堂、陕西师范学堂等。

宏道高等学堂设施齐备，设有斋舍（分自习室、寝室及憩息室）、食堂、图书器具室、阅报室、接待室、浴室、调养室等。不同设施、部门的管理规章颇为严格，如《图书器具室规则》中就规定"扫除清洁，勿有纤尘"，"非得掌书官之允许，不得入室"；《阅报室规则》规定"各新闻杂志，职员与学生得共阅之"，"学生入室坐定，将应阅各报挨次递观，不得任意翻检"，"阅后仍置原处，不得任意堆积"；《浴室规则》规定"室内须随时洒扫清洁"，"学生自五月以后八月以前，宜勤浴，以助卫生"，"不得泼水满地，致妨他人行走"等。

1910年，英国浸礼会传教士莫安仁在西安游历期间，专门参观了宏道高等学堂，称该校"房舍甚为齐整，课堂及宿食之所亦皆清洁"，"讲堂器物均甚齐备，学生亦颇整肃洁净"。

陕西贡院

陕西贡院是明清陕甘地区学子参加乡试的科举考场，位于西安府城西大街西端北侧（今西安贡院门儿童公园），是明清时期西部地区规模最大的乡试考场，康熙《咸宁县志》即称其"基宇堂舍规度弘丽森严，为天下第一"。

明代景泰年间（1450—1456），左布政使许资奏建陕西贡院，作为西北地区举行科举考试、选拔人才的重要场所，由此进一步提升了西安作为西北文教重镇的地位。嘉靖四年（1525），陕西巡抚王荩、巡按御史郑气下令对陕西贡院进行大规模重修，兴建"搜阅堂"四楹，将原来用席棚搭建的屋宇、号舍全部改为木结构，拓增数百间屋宇，兴筑内外墙垣，并在大门楼上题额"腾蛟起凤"，还将通济渠水引至五星堂下，用以防火。此次工程开始于农历二月，竣工于七月，工期历时5个月之久。重修后的陕西贡院"器物壮固，轮奂鲜美，气象森整，焕乎有章采，巍乎有定式，灿乎成巨观，而人文足称焉"。贡院作为考场的特征更为鲜明，"文场、民舍隔判弗属"，功能更趋完善。嘉靖十九年（1540），巡按御史张光祖重修贡院。贡院围墙四角建盖瞭望楼，居中有明远楼，北为至公堂，堂北设四所，其中收掌所以南有"为国荐贤堂"，其北为外帘，匾额为"精白一心"与"公明"；文衡门北有聚奎堂，再北为主考厅，左右两侧为五经房。清康熙五十六年（1717），陕西布政使萨穆哈增建南号舍。雍正元年（1723），陕西巡抚噶世图续建，改为砖瓦建筑。

明清陕西贡院作为考试之所，性质虽与府、县儒学及各

清后期陕西贡院明远楼与号舍

书院不同，但"隐系一省文风之盛衰"，因而受到当政者的高度重视。经过明清时期历次重修、扩建，陕西贡院建筑规模日益扩大，规划设计思想亦融入风水观念，在西安城众多建筑物中以号舍众多、占地之广独领风骚，有"举院号房，其密如蜂；门户堂室，其大逾衙"之称。贡院中有东斋、西斋、虚直轩等建筑群落，种植有竹林等景观植物，有借喻植物特性鼓舞学子，培养虚心向学、刚直不阿之意。

从明代至清代前中期，自西北各地前往陕西贡院参加科举考试的学子有5000~10000人，而每次中榜者仅50~80人，是名副其实的"百里挑一"。乾隆三十九年（1774），陕西巡抚毕沅主持甲午科考试时，应试者多达8000余人，包括来自今新疆乌鲁木齐等地的考生。道光二年（1822），陕甘乡试有6000余名考生参加，仅77名中榜，籍贯涵盖今陕西、甘肃、宁夏等省区。

光绪二十六年（1900）慈禧太后与光绪皇帝"西巡"西安，陕西贡院以占地广大、屋宇众多而被改作朝廷六部所在地。光绪三十一年八月四日（1905年9月2日），清政府下令自丙午（1906）科开始，废止科举考试。陕西贡院遂失去存在的价值，终成历史的陈迹。其基址被实业学堂、存古学堂、咨议局等分割占据。1907年9月24日，日本学者桑原骘藏、宇野哲人考察陕西贡院旧址时，此处已设立陕西全省工艺总厂、陕西工艺局和陕西工艺学堂，而贡院正门内即为工艺学堂教场。

雁塔题名

隋唐时期，在京师长安参加科举考试高中进士、状元等功名的才子，会由朝廷为之举办鹿鸣宴大加庆祝，并在大雁塔塔壁上题写其姓名，荣耀备至。至明清时期，雁塔题名的传统得以延续下来，有"名题雁塔，天地间第一流人第一等事"之称。

明清西安作为西北文教重镇，不仅先后兴建了众多儒学、书院和新式学堂，而且有陕西贡院作为西北地区考生参加乡试之所。通过乡试高中者即为举人，获得进京参加进士考试的资格。为了庆祝中榜大喜、联络同年学谊，在陕西贡院通过乡试并得中举人的考生"仿唐人故事"，在鹿鸣宴之后，也会参加由陕西官府主持的雁塔题名活动，即将上榜者的名字、籍贯、参加科举考试的科目等镌刻在石碑上，"书其名，以志不朽"。文举人与武举人的题名碑分别竖立在慈恩寺大雁塔和荐福寺小雁塔下，形成"文题大雁塔、武题小雁塔"

清后期大雁塔

的文教盛事。名列题名碑上的文武举人，后来大多在朝廷和地方官府任职，为国家和地方建设做出重要贡献，所谓"建伟绩、垂大名、彪炳史牒者，大率雁塔碑碣中人"。题名碑不仅继承了隋唐长安雁塔题名的悠久传统，而且增添了慈恩寺、荐福寺的文化韵味。

明清时期前往慈恩寺、荐福寺寻幽访古者、聚会饮宴者，往往会流连诵读这些题名碑，口耳相传之间，也使众多中举题名者得以名扬天下，由此吸引更多优秀学子前往陕西贡院参加乡试，以求取得进身之阶。从这一角度而言，雁塔题名在客观上吸引了更多学子潜心向学，促进了陕西乃至西北地区文教事业的发展。

乡试会馆

明清时期,陕西各县前往省城西安参加乡试的学子,一般会在考试前后寓居本县在西安创设的乡试会馆。乡试会馆为考生提供食宿等便利条件,以期本县考生能科第蝉联、人才辈出。从这一层面而言,乡试会馆与陕西贡院等考试机构一样,属于文教附属设施。

西安城的乡试会馆与商人会馆不同,一般是由各县官员或绅商为方便本县考生食宿而专门购地捐建,馆中置备考生所需的各类物品。咸阳乡试会馆就是由清嘉庆时家赀百万的富商李星斋捐建,作为乡试诸生"侨寓地"。西安城内各乡试会馆的规模、格局不仅从一个侧面反映了各县经济基础的强弱、文化的发达与否和影响力的大小,也反映出不同县域民众地域与同乡观念的强弱。

目前史料明确记载的乡试会馆主要有富平、咸阳、三原、渭南、泾阳、蓝田、白河、醴泉、朝邑等9县会馆,另外鄠县、韩城、盩厔3县会馆也具有乡试会馆功能。明代时各地已有大量考生前往陕西贡院参加乡试,应该已有类似于乡试会馆的场所。兴建最早的乡试会馆是位于桥梓口西的泾阳会馆,

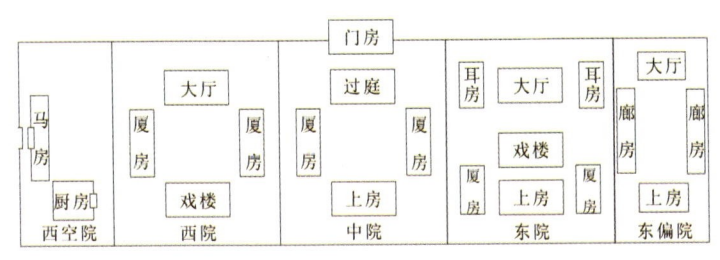

清代西安城鄠县会馆示意图

约建于乾隆十八年（1753）。

由于乡试会馆主要是为考生食宿提供便利，因而其选址都以邻近贡院、交通便利、环境安静为基本原则，所谓"会馆原为乡府试而设，理宜安静"。如富平、咸阳、三原、渭南、泾阳、白河等会馆均位于贡院周边。各县官绅等捐建者的财力不同，因而乡试会馆的规模差异较大。较大者如渭南会馆，房屋多达150间；中等者如蓝田会馆有房屋70余间、醴泉会馆有房屋40余间；而规模较小者如白河会馆，仅有房屋24间。

乡试会馆建筑多有正、偏两院，分设正房、厢房，呈四合院布局。从景观特征而言，与其为科举考试服务的性质相应，多有祭祀"至圣先师"孔子等的礼制建筑。同时为满足考生的食宿需求，乡试会馆房舍较多，院落宽大，环境整洁、安静，与商业会馆多建戏楼以满足商人娱乐需求、嘈杂热闹形成较大反差。以渭南会馆为例，作为西安城最大的乡试会馆之一，该馆位于贡院门大街东，"规模宏大，布置周备"，耗银35000余两建成。会馆中凉亭、廊庑、正堂、翼堂、厦房等建筑在符合传统规矩、方正审美观念的同时，既遵循北方地区四合院正堂、厢房的布局，又吸收了关中地区厦房的建筑样式。

在一定程度上，乡试会馆不仅是考生的寓居之地，也是连接各县与省城的重要纽带，是各县在西安具有联络处、办事地点和信息传递站等功能的场所。

美丽书院

美丽书院是清代后期英国浸礼会传教士在三原县福音村创办的陕西乃至西北地区最早的女子学校之一，为近代陕西女子接受新式教育之始。

在清末新政推行之前，陕西还没有创建公立的女子学校，女童教育只能在家庭中由父母或家庭教师来开展，女子教育普及受到很大阻力。1892年，英国浸礼会传教士敦崇礼和邵涤源"为开通风气，造就人才起见"，在福音村创办了美丽书院（女校）和崇真书院（男校）。美丽书院的开办资金主要来自于英国霍克斯夫人的捐款。在开办之初，该校免费招收来自基督徒家庭的女童，严禁女孩缠足，此举推动了妇女在家庭和社会中地位的改善，堪称近代陕西妇女解放的开创之举。

该书院开设的课程除神学外，也向学生讲授英语、历史、

清末三原福音村的基督徒

地理、数学、物理、化学和中国经典等。英国浸礼会传教士敦崇礼、钟约翰、慕德等男女传教士均曾在此授课。采用的英语教材如《英语初阶》《英语进阶》《英语初范》等，自然科学类教材使用美国基督教北长老会传教士狄考文（Calvin Wilson Mateer）编著的数学、物理、化学课本。教学过程遵循教会学校的方法，将成体系的教学和有规律的测试结合起来，强调北京官话和英语的学习。该校也引导女生关注国际社会的重大事件以开阔视野，如美丽书院的女学生们曾向印度的饥荒受灾者捐款。

美丽书院的女生们通过向该校英籍教师学习，成为近代陕西社会中第一批接触西方思想、科学的新女性。她们在摒弃缠足等陋习、解除身体束缚的同时，在人生观、世界观等方面也具有了与传统陕西女性迥然相异的一面。

日本教习

随着清末各类新式学堂的开设，陕西地方官府鉴于"专家教习，本省实乏其人"的状况，借鉴外省经验，积极为西安、三原等地新式学堂延聘省内外以及来自日本的教习，开设新学课程，促进了西安文教面貌的焕然一新。

1903—1911年间，先后有超过20位日本教习受聘任职于西安、三原的各类新式学堂，讲授日文、博物、图画、教育、心理学、数学、物理、化学、法律、经济、纺织、染色、机械、体操等新式课程。1903年，日本教习小山田淑助受聘于三原宏道高等学堂，教授日文、图画、格致、博物、体操等科目。1904年，早崎梗吉受聘担任陕西武备学堂教习。1906—1910年间，足立喜六则在陕西高等学堂执教。

日本教习在授课时，往往先用中文撰写、誊抄讲稿，发给学生作为讲义，而高年级学生则直接使用日文参考书。课程所需器械、标本等往往直接从日本寄达。在日籍教习中，亦有无法履行教习职责或屡有劣迹者，陕西官府发现后即"遵章解约"。如光绪三十四年（1908），日本教习高桥几造因"教授多不合法，有碍学课"，官府即"酌给川资"，予以辞退。

日本教习在西安、三原任教期间，除平日教学工作之外，也常利用课暇时间在西安等地进行考古调查、文物搜购等活动，并且留下了诸如《长安史迹研究》（足立喜六著）、《征尘录》（小山田淑助著）等著述。有的日本教习携带眷属同来，其寓所时常成为到访西安的日本游历者、考察者的落脚之地，如1907年日本学者桑原骘藏、宇野哲人在西安考察期间，就多次拜访日本教习寓所。

1911年辛亥革命爆发后，在陕日本教习及其眷属随同欧美侨民从西安、三原撤离，此后再未能重返西安，其对于陕西教育近代化进程的推进作用应予以肯定。

日本教习足立喜六及家人

宗教信仰

崇仁寺

崇仁寺又称"金胜寺",始建于隋,位于明清西安城西5里(今西安丰镐东路)。明清时期,经过秦王家族和地方官府的多次修建,崇仁寺成为关中规模最大的佛寺之一,香火旺盛,规模宏大,建筑精美,内塑有五百罗汉像,有"招提之胜,甲于海内"之称,在同治回民起义之前曾长期作为官民游览的胜地。

崇仁寺之所以自隋代以迄明清时期受到官方的高度重视,在于时人认为它对长安(西安城)整体风水具有非同寻常的弥补之功。长安城虽然南望秦岭,但西面无山,因而从传统风水理论的角度出发,崇仁寺的兴建可以弥补长安的"金气"。就连其所在之地亦称为金胜铺(又有"胜金铺"之名)。有明一代,崇仁寺作为秦王家族的香火院,得以获得历世秦王支持而多次重修。崇仁寺不仅"规制甚敞",且古物甚多,包括长达三丈余、"衣折古雅"的卧佛及《大秦景教流行中国碑》等珍贵碑刻。

乾隆四十年(1775),陕西巡抚毕沅重修崇仁寺,在寺门外开凿了一处方广十余丈的水池,将通济渠水引入灌注,取"金水相生"之意，更增添了崇仁寺的风水优势。这一时期的崇仁寺，山门内有大殿，殿后有堂，安奉有五百罗汉，堂前有大悲阁，后为晾经台，台后为卧佛殿，殿右为万佛阁，寺内的方丈、房廊、庖湢、厨库无不毕具。咸丰年间（1851—1861），崇仁寺庙基宽大，约达百亩之多。自山门以至卧佛殿，计十重院落。方丈室旁有一处小园林，东西向平列六楹屋宇，其中有荷池汲引清流，池后有亭，"庭中杂莳花木，鸡冠大开"。崇仁寺院落崇宏，环境清幽，在作为僧徒与信众礼佛之地的同时，也是冠盖宴集之所，可资官民游憩。明清时期，任职西安的官员如袁宏道、邓廷桢、吴振棫、张祥河等均曾至崇仁寺游览。该寺僧人善奏乐器、按节而歌，使得寺宇游憩活动更具娱乐性。

同治年间回民起义中，西安城郊寺宇多难幸免，崇仁寺因作为团练的驻扎地而在战事中被付之一炬，率成焦土，除小堂和山门外，只有万历二十年（1592）所建并刻有"祇园真境"四字的精巧牌楼、乾隆时雕造的白色大理石兰花纹水缸、五方砖壁花岗岩柱础得以留存。

值得一提的是，在西方世界知名度极高的《大秦景教流

同治年间战乱后的崇仁寺遗迹

行中国碑》自明天启五年（1625）在西安出土后，就矗立于崇仁寺中，因而在清代后期吸引了不少西方传教士、学者、旅行家纷纷来此考察。1907年，丹麦探险家何乐模从欧洲远赴西安，在崇仁寺仿刻了一通景教碑，并运至美国展出，该仿刻碑最终被捐赠给罗马教皇。

普光寺

西安城南郊及终南山寺宇普遍以园林化环境为显著特征，尤以普光寺因山之利、取水之便而更显突出。

明洪武初年，秦愍王朱樉为"有宿世缘"的西印度乌萨罗国僧无坏（一说为西域人）在秦岭北麓兴建普光寺，分为上、下院，有"庄严冠长安"之誉。关于无坏禅师，明清时期曾有种种传闻，如其在秦岭修行时，夜击木鱼，声音居然能远达西安城中的秦王府；其用石甑炊饼、石罐煮水，可以供给秦王数千名随从饮食。虽然这些传言终属无稽，但从一个侧面反映出秦王家族与明代西安寺观的发展具有紧密关联。

该寺下院金碧庄严，号称"长安诸寺之冠"，其中最引人瞩目的景观为莲花池，面积广达数亩，池中建有藏经阁，周围环绕百楹长廊。莲花为佛教崇信的圣洁之物，普光寺"青苍远接千章树，红白新开万朵莲"的美景令西安官民至此游览之际，不禁会"恍然有出世之想"。普光寺上院距下院5里，地势较高，石蹬参差，飞梁跨壑，长松古柏，翠壁苍崖，环境更为清幽。明代弘治年间（1488—1505）秦简王朱诚泳在城南及秦岭北麓寺宇游览时，对普光寺多有赞誉，留下《再游天池普光寺忆僧性空》等诗篇。嘉靖三十八年（1559），曾任陕西左布政使、右副都御史的张瀚游览普光寺，对"莲池数亩"留下了深刻印象。

明代西安的普光寺不仅以其上、下院的格局和莲池景观等为时人所瞩目，更以秦王与无坏禅师的交往成为明代西安中外文化交流的见证之地。

广仁寺

康熙四十四年（1705），康熙皇帝西巡至西安，在接见西部边疆地区少数民族首领、检阅西安八旗和绿营军队的同时，也敕令在西安城西北角习武园（又称"西湖园"）教场西北兴建密宗黄教喇嘛寺院——广仁寺。此举看似为满足班禅、达赖等前往北京觐见皇帝、过境西安时住宿之需，实则出于加强内地与边疆的宗教、文化联系等的考虑。康熙又为广仁寺御赐"慈云西荫"殿额和广仁寺碑文，足见其对于这座喇嘛寺院的重视。作为西藏班禅、达赖等活佛进京途中的驻地，广仁寺在西北喇嘛教寺宇中影响较大，与青、藏、甘等地黄教寺院如塔尔寺、哲蚌寺、色拉寺、甘丹寺、拉卜楞寺以及北京雍和宫联系密切。进京喇嘛僧侣在途经西安时，多来广仁寺挂单，举行佛事活动。广仁寺的重要祭祀节日包括二十一度母油灯大会（农历三月二十八日）、宗喀巴古灯大会（农历十月二十三至二十五日）。

广仁寺占地百余亩，殿堂房舍400余间。其建筑群落并没有形成一条端直的中轴线，而是呈现出弯曲如龙的布局特征。广仁寺内单体建筑由南向北依次为：照壁、盘龙铁旗杆、御碑亭、山门、牌坊、钟鼓楼、大殿、二殿、藏经殿、斋堂、寮房（喇嘛挂单、居住处）。寮房未再向北延伸修建，而是向东转弯逐渐减低，似龙的尾部；殿的东、西两侧各有厢房。就建筑风格来说，广仁寺中轴线上殿宇均为"卷棚式"，两侧配殿则为"硬山式"。油漆彩绘在枋心、飞椽等重要部位以藏文经文点缀，喇嘛教建筑特点非常突出。

明清西安佛寺在发展过程中，出现了两座寺院因宗教"声气相关"而形成主院与别院，或称为上院与下院的关系。这种宗教关系在一定程度上反映了西安城乡关系的本质，即管理与被管理、供给与被供给的关系。地位尊崇的广仁寺就有三座下院，分别为东关喇嘛庙、北郊胜严寺、嘉五台喇嘛洞。其中胜严寺建于西晋永康元年（300），历代不断重修，至清时有喇嘛僧于此住持。胜严寺代广仁寺管理土地、代收租粮。广仁寺在城北大白杨、火烧碑、张家庄、青东、青西等村有寺院水旱地250余亩，在城南东大、嘉五台等地有寺院水旱地160余亩，为寺院喇嘛常供之产。

广仁寺

云居寺

云居寺位于西安城西北隅洒金桥北段路西。此处本是唐长安宫城城墙遗迹，经长期自然风雨侵蚀与人为活动影响，地势起伏明显，逐渐形成自东向西依次升高的五个高台，所谓"累累如大陵者五，三、四台尤高耸"。宋代始于其上建寺，称"安庆寺"，占据全城最高之地。明洪武时重修，取"高耸入云"之意，又称"云居寺"。由于终南山有南五台，耀州（今铜川市耀州区）有北五台，西安城内云居寺遂俗称为"西五台"。

清康熙年间，西五台上起建卧佛殿，成为眺望全城风光的最佳观景之地。由此寓目远眺，"远接雍州诸山灵秀，俯凭城郭亿万户如指掌"。乾隆年间，云居寺最高处为大士殿，"收一郡之胜"，由此"俯视寰匮，佳气葐蒀，亦城市之山林也"。云居寺巧借唐宫城城基在西北隅高屋建瓴的特殊地势，将佛殿与极具园林化色彩的"崇阁"建于高台之上，以三重天门、层台绀阁等步步向上，从低到高烘托出崇佛敬神的气氛。最高处设大士殿，将神佛的地位推崇到极致。这种依高台地形布局寺院建筑的方式，令信士自下而上登临时更易产生崇敬膜拜之心。该寺在每年六月举办庙会，会期人潮涌动，鼓乐喧天，"都人士女礼忏拜祷，朔望展诚"，十分热闹。

云居寺是明清西安城区佛教建筑与园林绿化相互结合、相互促进的一个典型例证，市民因崇佛敬神兼可游赏园林，又因寺院环境之优美、庄严更虔信诚笃。云居寺现保存有清乾隆四十二年（1777）《重修西五台卧佛殿记碑》，对了解当时该寺状况具有十分重要的史料价值。

化觉巷清真寺

化觉巷清真寺约创建于明代洪武年间，位于西安鼓楼西北化觉巷，又称"清修寺"，民间以其位于大学习巷清真寺之东，对应称为"东大寺"。该寺建筑宏伟，气势壮观，呈东西向长方形，四进院落，有木质牌楼、石质牌楼、敕修殿、月碑、省心楼、水房、凤凰亭、望月台等建筑。

化觉巷清真寺属阁的木教派（老教）。据1906—1910年任教于陕西高等学堂的日本教习足立喜六观察，"西安城内西大街之北与北大街之西，都是回教徒的居住地。在其廓内的小皮院巷、大皮院巷和花角巷，各有一座大清真寺。清真寺是回教徒的会堂。回教徒每周参集一次，进行礼拜，故清真寺又被称为'礼拜寺'"。足立喜六用"廓"一词来描

化觉巷清真寺内景

述回民聚居区，反映出回族与汉族聚居区有约定俗成的"界限"，彼此之间不会轻易逾越。1907年9月，桑原骘藏、宇野哲人来西安考察期间，拍摄了不少清真寺的照片，对寺中回民进行了访谈。清真寺内的阿訇和普通穆斯林对于伊斯兰教的虔诚给域外人士留下了深刻印象，尤其是规模最大的化觉巷清真寺，"门内僧院甚多，院中僧侣皆努力勤修，朝夕礼拜，态度相当严肃"。

化觉巷清真寺及西安城内的其他清真寺在穆斯林文化教育、对外联系和交流方面发挥了重要作用，寺内多设有学校，以教育子弟，传授阿拉伯语和《古兰经》知识。足立喜六就记述称，清真寺"有常请阿拉伯本国的高僧来此说教的惯例"。

大学习巷清真寺

大学习巷清真寺位于西安大学习巷北段路西，又称"西大寺"，属阁的木教派。始建于元世祖中统四年（1264）六月，原名"清净寺"。元成宗大德元年（1297）扩建。明太祖洪武十七年（1384）兵部尚书铁铉重修。成化二年（1466）四月长安人马斌督工重修，成化十八年（1482）八月奏请，改寺名为"敕赐清修寺"。永乐十一年（1413）本寺掌教哈三奉敕随郑和下西洋。嘉靖元年（1522）至嘉靖五年（1526），该寺掌教马宗玺、辅教马哈兴等与教中耆老筹募银1000余两重修。在兴工过程中，秦王还赐给其飞鱼吻兽砖瓦。重修后的大学习巷清真寺规模壮丽，巍峨崇新。

清末日本教习足立喜六拍摄的清真寺碑刻与回坊儿童

　　该寺建筑形式与化觉巷清真寺略同。寺门立有石牌坊，大院通道两侧各有一座护碑亭。两碑亭外侧为南北厢房，后为宣谕台。寺内有一座两层三重檐歇山屋顶的省心楼，"洞门四达，重檐巨栱，岿然奇观"。礼拜殿面阔七间，进深五间，居中为教宗座，"金碧光华，耀夺人目"。殿前悬挂光绪皇帝手书"教崇西域"和慈禧太后题写的"派衍天方"匾额。

　　1907年9月，桑原骘藏、宇野哲人来西安考察期间，认为城区八所清真寺中的"学习巷路西之清真寺，必得一见"，即是指大学习巷清真寺文化内涵深厚，值得深入研究。在该寺考察时，学习巷内的10余名穆斯林还热情回答了桑原等提出的问题，在其照相时"提供万般方便，极其好意"。

　　该寺现存明嘉靖二十四年（1545）曹兰撰《增修清真寺记》、明万历三十四年（1606）冯从吾撰《敕赐清真寺碑记》、清光绪十六年（1890）乌日章撰《重修长安县新兴坊清真寺内省心阁等处碑记》等重要碑石。

大皮院清真寺

大皮院清真寺，位于西安城内大皮院西段，约明代中期创建，属阁的木教派。

据该寺现存明永乐九年（1411）《西安大皮院清真寺始建石碑图》载，作为明代西安城区内的四大清真寺之一，该寺规模虽然小于化觉巷清真寺和大学习巷清真寺，但其占地面积在人口较为稠密的西北城区仍属可观，东西长21.8丈，南北11.5丈，南偏院东西6.5丈，南北9.7丈。该寺在始建之初，各项设施已颇为齐备，建有礼拜大殿、南北厅、头门、二门、沐浴所、学社、师徒住房等共32间。

从上述碑石记载可以看出，明代的大皮院清真寺也同其他清真寺一样，附设有教授阿拉伯文和《古兰经》的学社，招收穆斯林子弟入学，被认为是明代西安城穆斯林聚居区中的重要文教机构之一，有助于传承伊斯兰教的历史和文化。"沐浴所"的设置则强化了清真寺讲求清洁雅静的特征，可供穆斯林在礼拜前清洁身体。

作为回坊的核心建筑群之一，大皮院清真寺与其他清真寺相似，不仅用于信徒礼拜，同时也是普通回坊民众从事诸多日常聚会活动的场所，所谓"冠婚丧吊，周急扶危，胥此基焉"，成为穆斯林社区不可或缺的功能空间。

小皮院清真寺

小皮院清真寺为明代西安城四大清真寺之一，位于西安小皮院街，创建于明万历三十九年（1611），万历四十二年（1614）年重修。

寺内现存的明万历四十二年马之骐所撰《重修真教寺记碑》，在论述小皮院清真寺扩建原因时，对西安城清真寺的兴建、扩建和回族人口增加之间关系的论述实为点睛之笔。西安城内的穆斯林自元代以来"生齿日繁，人文渐盛"，与之相应，清真寺也需要重修与扩建。穆斯林人口的不断增加对清真寺的新建、扩建提出迫切要求，清真寺的增加又会促进穆斯林聚居和人口的不断增长。到明末之际，西安城回族大致已占有西北城区中、南侧大部地区，其间虽仍分布有较多官署和郡王府住宅，但回族聚居区已较宋元时期大为拓展。宋元明时期形成的回族聚居区，与城内汉族居住区相较而言，在人口族属、文化景观等方面具有显著差异，这也奠定了清代西安城人口分区的基础。

万历四十二年重修之时，该寺有掌教、副教、鸣教各1人，教众多达120人。此外，参与此次重修工程的人士还包括西安左卫指挥佥事、西安后卫指挥同知等官员，以及西安府咸宁、长安县学的10名庠生。

该寺分四进院落，前门有小皮院清真寺木牌一块，高悬檐下。大门坐南向北，门房3间，前檐两梢间各置木栅栏；二院为毛拉学习阿拉伯文、《古兰经》的区域；三院南北侧各有大小厢房6间，名"南北厅"，南为议事堂，北为讲经堂；

四院为大殿、月台。该寺原属阁的木派。清末伊赫瓦尼教派始传入小皮院清真寺。

南城清真寺

南城清真寺创建于清代康熙年间,位于西安和平门里西五道巷内。

该清真寺的创建与康熙年间汉军八旗在西安城东南隅驻防有关。康熙二十二年(1683),随着新一轮全国范围内建设满城高潮的来临,西安又在满城南侧兴建了新的军事驻防区——南城,用于驻扎汉军八旗及其眷属。为满足汉军八旗中穆斯林官兵的信仰需求,陕西地方官府和军队兴建了一座清真寺,即南城清真寺,这成为清代西安城内唯一不在传统回坊的清真寺,与西北隅的7座清真寺遥遥相对。

南城清真寺砖雕

乾隆四十五年（1780），在清朝统治已日趋巩固的情况下，汉军大量出旗，南城军事驻防区随之被撤销，东南隅城区重新划归咸宁县管辖。虽然汉军八旗撤出，但南城清真寺得以保留下来，成为居住在这一带的穆斯林礼拜场所，延续至今。

糖坊街天主教堂

糖坊街天主教堂是明清时期陕西兴建最早的教堂，由德国籍天主教耶稣会传教士汤若望创建于崇祯元年（1628）。在汤若望之前，已有比利时籍（一说法国籍）天主教传教士金尼阁等人在西安寓居传教，其活动为该堂的创建奠定了基础。《美国东方学会会刊》1856年第5卷在刊文介绍《大秦景教流行中国碑》时，亦明确记载该堂始建年份为崇祯元年。

该教堂位于西安城糖坊街北，由于相对于五星街天主教堂来说居于城北，因而俗称"北堂"。北堂在创建之初，曾以"崇一堂"为名，取"钦崇一天主在万有之上"之意。

汤若望在北堂传教期间，除了开展宗教活动外，还与当时陕西的官绅广泛进行对话与交流，如与徐光启并称为"南徐北王"的泾阳学者、天主教徒王徵就是他的好友。汤若望充分利用身居西安的地利之便，研究了从西安通向中亚、中东和欧洲的交通道路问题，对使团与商人途经的国名、地名、驿站名以及来往商品的名称、贸易状况等进行了深入研究。

崇祯二年（1629），他在北堂传教期间撰写的《远镜说》刊印，成为传播光学和望远镜制造技术的奠基性著作，对后世有重要影响。崇祯三年（1630），汤若望回京任职于钦天监。

汤若望之后，在明末清初又相继有葡萄牙籍费藏裕、傅泛济、梅高、郭纳爵等传教士来北堂传教。北堂成为当时沟通西安与欧洲相关国家和地区的重要节点与窗口，传教士群体从这里向西方世界传递着西安和西北地区的各类讯息。如郭纳爵就是最早用拉丁文向欧洲学界介绍《大学》《论语》等经典的人。崇祯十六年（1643），李自成起义军进入西安，曾对传教士梅高、郭纳爵礼遇有加，并禁止军兵骚扰北堂。1644年，梅、郭二人在北堂东侧竖立了《天主正道解略碑》，碑文为崇祯十三年（1640）十一月汤若望上皇帝书，由郭、梅二教士进行了删节。1925年5月1日，该碑在糖坊街出土，成为明末耶稣会在西安传教的珍贵物证。

虽然天主教会的传教活动在清前中期曾遭朝廷严厉禁止，但始终相沿未绝，至清后期北堂的传教活动一度曾有较大发展，与南堂形成遥相呼应的态势。

五星街天主教堂

五星街天主教堂位于清代西安城土地庙什字中段（今五星街）路北，因地处西安城西南隅，与糖坊街天主教堂相对，又称"南堂"。康熙五十五年（1716），意大利籍天主教神父马戴弟在西安土地庙什字购地修建。雍正、乾隆时，因朝廷和地方官府禁止传播天主教，南堂一度关闭，教产被充公。咸丰十年（1860）《中法北京条约》规定允许天主教进入内

五星街天主堂

地传教后，南堂于同治六年（1867）由陕西巡抚乔松年交还教会代表高一志管理。此后来自德国、法国、意大利等国的天主教传教士、修女等也陆续受罗马教廷派驻，于此传教。陕西官府在与天主教会交涉归还教产过程中，明确规定："传教与通商不同，与地方官交涉公事较少，除传教应议事件由主教与地方官随时会晤商办外，其余地方一切公事，不得干预"；"传教士不得并收省城内外回民入教，致启汉民猜疑，别生枝节"等，这些均属于地方官府对西安天主教会的约束与管理措施。

光绪十八年（1892），陕西教区主教林奇爱对五星街教堂进行了扩建。堂面为罗马式建筑，饰以砖雕，高17.45米。教堂内部呈拱形穹顶，有附属房屋158间，整个建筑群体现了中国传统建筑风格与罗马式建筑风格的结合，雄伟壮观。光绪三十四年（1908）重修。

清代后期至民国，南堂的神父、修女们为了拓展传教事业，也为了在与英国浸礼会、中国内地会等基督教新教教会的竞争中不落下风，兴办有若瑟小学、玫瑰女中等教会学校与天主教会医院。

商 业 贸 易

南院门市场

南院门市场是明清西安城中最繁华的综合性市场之一，在西安的商业贸易格局中占据着十分重要的地位。

南院门位处明清西安城西南隅，属于五代以来的长安"老城区"核心地带，其北侧有川陕总督（后为陕甘总督）衙署（即南院），西侧一带则有众多外省籍商业会馆分布。这一区域人口众多，屋宇密集，多富商大贾居住，店铺数量较多，逐步发展成为城内的商贸核心区。

总督衙署（清后期改作陕西巡抚衙署）门前的广场及其周边，不仅有大量临时性的行商和摊贩，而且开设有众多不同类型的店铺，包括古董铺、书肆、票号等。光绪年间，山西人孟传鉴就长期在南院门开设"芸香斋书铺"销售书籍。光绪十七年（1891）三月二十二日，寓居西安的广东籍官员伍铨萃赴南院门市场一游，购买了饼、果等物。1907年，丹麦探险家何乐模驻留西安期间，也曾目睹南院门市场热火朝天的市景："巡抚衙门外的公共场地可谓城内的市场区。这是一处名副其实的市场，繁荣的市景于此可见。形形色色的演戏者、耍马戏的、牙医、包治百病的江湖郎中、眼医、看手相的、算命先生、术士、小商贩、捏糖人的、爆玉米花的、代写诉状的,以及其他很多商贩在这里从事喧闹的交易,直至天黑。"明清时期,南院门一带还会在过年期间举办"灯市",商贩们挂起各种造型的灯笼进行展销,关中各县的民众往往会前往观赏、选购。

南院门市场除具有商贸功能之外,也是明清时期西安市民娱乐、休闲的重要场所。人们可在这里听说书者讲故事,观看木偶戏,传教士也以演唱圣歌的方式在此流动传教。美国记者尼科尔斯在1901年赴陕赈灾时,注意到南院门市场并未受到饥荒的严重影响,"从日出到日落,集市贸易持续不断。广场的四周布满了陕西人熟悉的做买卖的、变戏法的、算命的以及杂耍逗乐的各种各样的帐篷和货摊。傍晚时分,在一天的劳作结束之后,广场上到处都是带笑的、愉快的人群。他们从一个摊子逛到另一个摊子,为精彩纷呈的表演鼓掌喝彩,给表演者投掷钱币"。南院门市场的商贸、娱乐活动反映出明清西安城市生活充满活力的一面,其繁华盛景一直持续至民国年间。

都城隍庙市场

都城隍庙是明清西安城区最大的道教宫观,位于西大街中段北侧,依托该庙形成的都城隍庙市场是城内十分重要的商贸区域,即便与南院门市场相较,其繁荣热闹的程度也毫不逊色。在长期发展过程中,都城隍庙的商贸活动从流动商贩向固定摊点转变，并最终形成规模较大的经常性市场。

都城隍庙市场的商贸活动之所以极其兴盛，首先在于城隍信仰吸引了大量省内外的信众。信众在烧香拜神之余，会购买日常生活、生产所需的各类商品。其次，城隍庙内设有戏楼，时常演出秦腔剧目，这使得都城隍庙市场成为集商市和戏园于一处的热闹之地。这里作为"万货萃处"，门殿之间皆排列货摊，四隅则为戏园，对于喜听秦腔的西安城乡民众有着超乎寻常的吸引力。都城隍庙每年四月初八举行庙会，这一天的商贸活动较平日更为兴

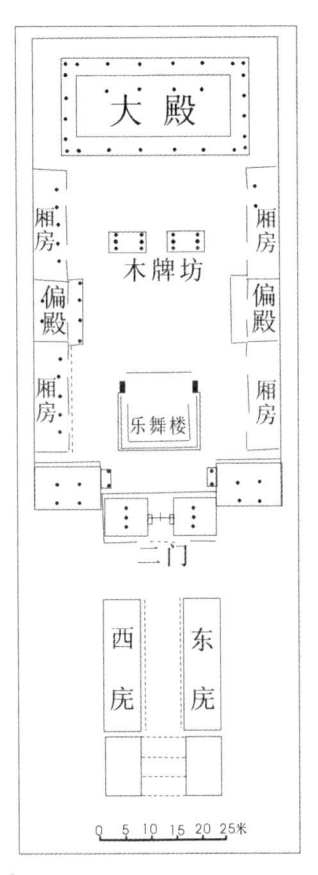

明清西安都城隍庙布局图

盛，有"商贾联集，蔚成巨观"之称，是西安城内规模最大的庙会。到后来不仅参会商贾众多，会期也较长，往往"累月连朝"。《续修陕西通志稿》的编纂者甚至称其堪与西方国家的"博览会"相媲美，足见其商品种类之多，商贾顾客之众。

明清时期，逛都城隍庙市场已然成为西安市民的一种生活方式，甚至是远来的官员、商贾，也多慕名一游。如光绪二十六年（1900）慈禧"西狩"之际，广东籍官员伍铨萃在《北游日记》中就有"（十二月初四）游城隍庙"的记述。都城隍庙市场历经民国不衰，1949年迄今仍为重要的小商品市场。

商业会馆

随着明代西北边疆的扩展和巩固，西安城在全国商贸和经济格局中东连西接、南达北通的节点地位日益显现，城市自身商贸也有了快速发展，成为西北乃至西部最为活跃的商业枢纽和商货集散地。在这种情况下，西安城首先出现了行业会馆的雏形，即具有布帮会馆性质的东关金龙庙。

就现有史料初步统计，清代西安城堪称西部地区拥有商业会馆最多的城市，包括18所外省籍会馆和5所行业会馆。外省籍会馆为：甘肃会馆、山西会馆、三晋会馆、山东会馆、中州会馆、中州西馆、八旗奉直会馆、燕鲁沈吉江五省会馆、安徽会馆、安徽东馆、江苏会馆、湖广会馆、福建会馆、全浙会馆、绍兴会馆、江西公寓、两广会馆、四川会馆；行业会馆包括：布商会馆、梨园会馆、银匠会馆、畜商会馆、饮食业会馆。

各省商业会馆一般由本省籍商贾官绅创建，多为商贸活动服务。这是因为相对本地坐贾而言，频繁往来各地的行商较早意识到桑梓之情在异地商贸中的重要联系作用，"在家尚不觉其可贵，出外则愈见其相亲"。桑梓之情成为旅外同乡商人相互联系的纽带，而地域性商业会馆的兴建对加强这种联系起着至关重要的作用。

与地域性商业会馆通过乡情联系同乡的方式不同，西安城中的行业性会馆则以从事同一行业作为纽带联结同行商人。在城市商贸中占据重要地位的行业大多都有自己的会馆，均为坐贾兴建的本地会馆，反映了西安城行业细分、专业分工

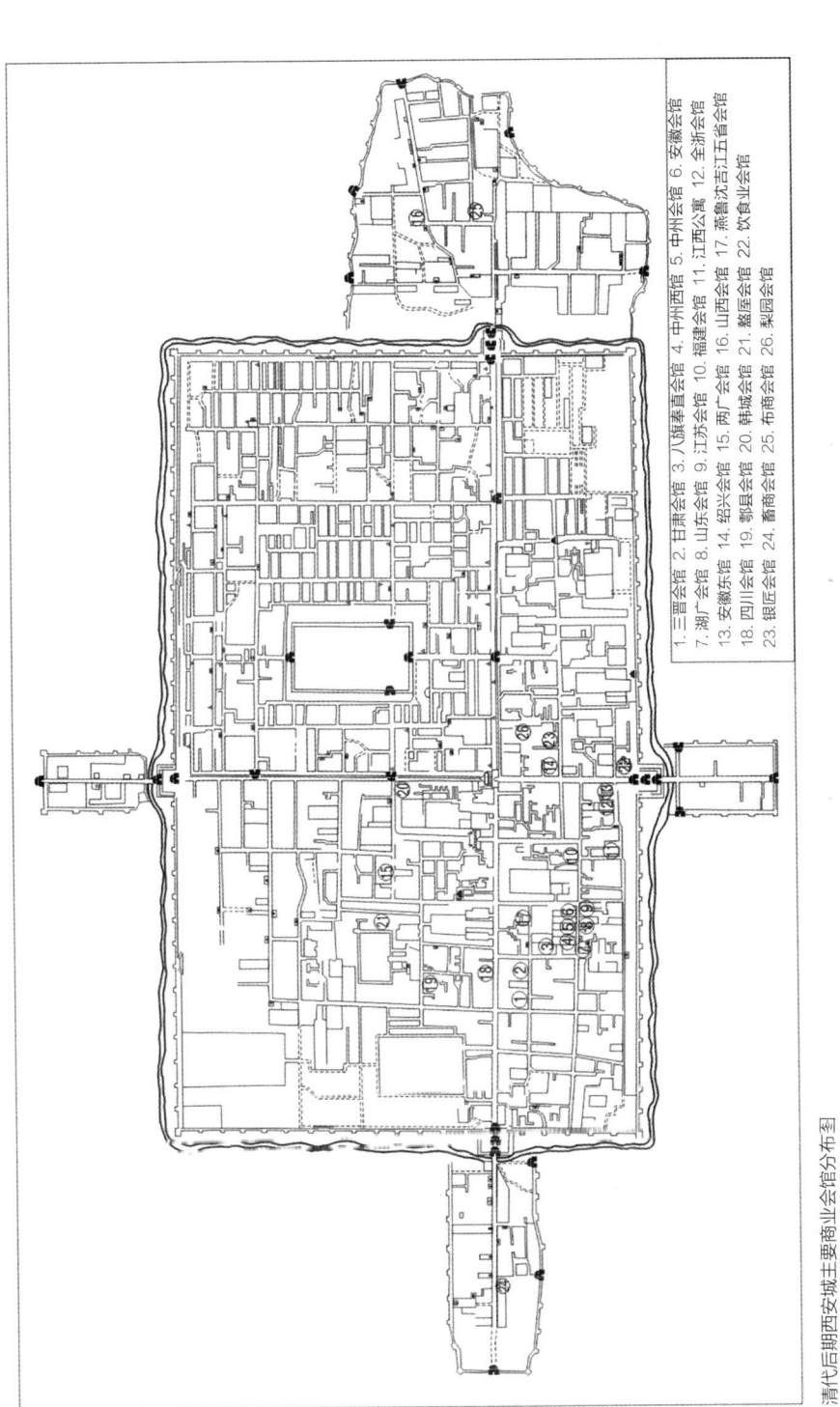

清代后期西安城主要商业会馆分布图

1.三晋会馆 2.甘肃会馆 3.八旗奉直会馆 4.中州西馆 5.中州会馆 6.安徽会馆
7.湖广会馆 8.山东会馆 9.江苏会馆 10.福建会馆 11.江西公寓 12.全浙会馆
13.安徽东馆 14.绍兴会馆 15.两广会馆 16.山西会馆 17.燕鲁沈吉江五省会馆
18.四川会馆 19.郿县会馆 20.韩城会馆 21.鳌座会馆 22.饮食业会馆
23.银匠会馆 24.畜商会馆 25.布商会馆 26.梨园会馆

的发展状况。乾隆四十五年（1780），西安秦腔班社"泰来班"与"双赛班"的申祥麟、白廷孝、张银花、权必龙、白双官等艺人就集资筹建了西安梨园会馆（又名"四圣行宫"），供奉梨园鼻祖唐玄宗李隆基等。

在清代的18所外省会馆中，有15所位于西南城区，仅两广会馆位于西北城区的大皮院，绍兴会馆位于东木头市，山西会馆位于东关长乐坊街西段路北。西南城区人烟稠密，街巷众多，商铺、酒楼、饭肆集中，庙会节祀活动频繁，而且靠近南院衙署，又是西安城金融区所在，对于商人就近进行贸易、举行聚会以及与官员相互结识等提供了极大便利。

外省会馆作为同乡商人交流商业信息、休憩娱乐的场所，多依托商人团体雄厚的财力和同乡官绅的较高社会地位，在建筑格局和内部环境上均较普通城市建筑更为讲究。一般为多重院落，有正院、偏院之分，屋宇较多，食宿兼备。其中最为显著的建筑特征是多有戏楼以及供奉本土神灵的殿宇，环境上也以园林化为基本特征。

外省商业会馆在为同乡商人提供住宿、交流商业信息之外，也为来西安的同乡提供本土化的食宿，这从会馆内厨房等基本生活设施齐备的状况可略见端倪。据清人唐晏所撰《庚子西行记》载，光绪二十六年（1900）庚子之变后，西安成为清廷临时政治中心之际，全国各地来陕官员云集，旅店已无容客之房，"司官则各住会馆，或赁屋而居"，即按照官员籍贯而分住各自省份的会馆。

明清时期，西安作为西北地区的军政、文化和商贸重镇，商业会馆数量众多，分布集中，地域来源广泛，在城市经济、文化、信仰、文教等领域发挥了重要作用。

城郊市镇

明清时期，西安城不仅在城内兴起了南院门市场等重要的商贸街区，而且众多城郊市镇的商贸功能也进一步得到提升，促进了西安城乡地区经济、社会的发展。

唐宋时期，长安城郊设有多座军镇，以军事防御为主旨，商贸功能较弱。约从明代中后期开始至清代，镇作为一定区域内商贸交流中心的功能逐渐增强，"军镇"逐渐演变为"市镇"。

明代西安城郊共有灞桥、鸣犊、子午、引驾回、杜曲、狄寨、三桥7座市镇。清前期城郊市镇增至21座，其中长安县11镇：郭杜、贾里、黄良、姜村、子午、杜角、西乾河、东乾河、三桥、斗门、马坊；咸宁县10镇：灞桥、高桥、引驾回、杜曲、三兆、王曲、鸣犊、新筑、狄寨、魏家寨。清后期城郊市镇调整为20座，与清前期相比，长安县境镇的变化较大，贾里、西乾河、东乾河、马坊、姜村、杜角6镇或撤销或合并，新增鱼化、蒲阳、北张3镇；咸宁县各镇稳定，新增草滩、韦曲2镇。这些市镇既有位于险关隘口的军事要冲型市镇，如引驾回镇、子午镇；也有沿交通要道兴起的陆路枢纽型市镇，如灞桥镇、斗门镇；还有沿水陆联运码头兴起的水陆码头型市镇，如草滩镇。

明清西安城郊市镇多呈现高墙环绕、宛如城池的形态，散布的城郊市镇与西安城共同构筑起兼备军事防御和贸易流通功能的城市体系。各市镇城堡开有数量不等的城门，所开城门的数量既与市镇规模、交通路线相关，也反映了军事、商贸地位的不同。城郊市镇不仅在宏观形态上呈现出城池的

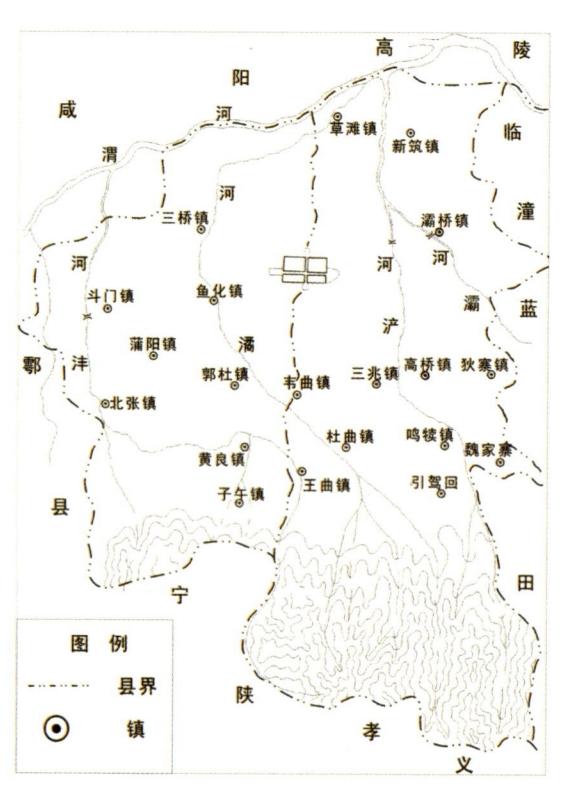

清代后期西安城郊市镇分布示意图

面貌，在内部格局上也往往与府城、县城有相似之处。如新筑镇四条大街中心筑有钟楼；草滩镇则有县丞移驻，建有山西会馆、戏楼等。明清西安城郊市镇除具有"筑墙为堡"的外部形态和"以街为市"的内部格局，亦具有"村镇合一"的典型特征，即往往由多个毗邻村落组合而成，兼具村落和城镇的双重景观。

明清西安城郊市镇是西安城镇体系、城乡商贸空间格局的重要组成部分，对西安城的商贸功能起到了补充作用，有力地加强了西安城作为西北商贸重镇的城市地位，增强了西安城在大区域商贸竞争中的能力。

对外交流

李希霍芬

李希霍芬（Ferdinand von Richthofen，1833—1905），德国地理学家、地质学家，是首次提出"丝绸之路"概念的西方学者。李希霍芬先后在华进行过7次考察，其中第7次是在美国加州银行和上海外国商会的资助下开展的，考察时间为1871年9月底至1872年5月底。在这次考察中，他抵达西安，进行了内容十分丰富的调查。

作为19世纪世界地理学界的权威学者，李希霍芬在陕考察期间，不仅重点关注黄土特性、水土流失、黄土沉积等自然科学问题，而且对西安的城垣、商业、农业、物产、交通、人口等状况进行了多角度观察和记述。西安作为汉唐故都，又是陕西省会，在明清时期成为西部乃至全国最为知名的古玩交易地之一，其西周青铜器和历代古币交易活跃。李希霍芬在报告中写道："西安城是一处购买青铜器和

李希霍芬

古钱币的天堂。在这里，青铜器和古钱币不断地被挖掘出土。商人们买下覆盖着厚厚铜绿和黏土的青铜器，然后将一部分倒卖掉。今人难以识读的古老铭文在这里很常见，它们应该都是周朝——大量制造青铜器的朝代的产物。"据李希霍芬观察，在同治年间的西安古玩市场上，等级高、体量大、做工精美的青铜器售价不菲。他则购买了两件非常精美的刻有铭文的小型青铜器。

在论及清代后期西安城市地位、规模时，李希霍芬认为，"在南京、武昌和杭州遭到部分破坏之后，西安城在政治、商业上的伟大与重要令我震惊，在规模上可能位居帝国第二。"李希霍芬也充分注意到了西安作为"后都城时代"西北商贸重镇的城市地位。他指出，从西安辐射而出的众多商道，"影响着陕甘地区所有的政治活动，并且维系了中原与中亚、藏北地区之间的关系。正是这种非凡的位置使西安成为古代帝国的都城"。

作为专业素养深厚、享有世界声誉的权威学者，李希霍芬对西安的考察、记录和评述在19世纪后期极大地影响了欧美人士的"西安观"。

柔克义

柔克义（William Woodville Rockhill，1854—1914），美国外交官、汉学家、探险家，曾于1888—1889年前往青藏高原地区考察，途经西安进行调查活动，对于19世纪后期

柔克义

美国社会各界了解和认识西安起到了重要作用。

1888年底，美国驻华公使馆前参赞柔克义在获得清朝总理各国事务衙门批准后，从北京出发，经太原、西安、兰州，进入青藏高原进行考察，后经四川打箭炉，由长江水道返回上海。古都西安是柔克义此行重点考察的城市之一。由于久居北京，柔克义在观察西安城市生活和景观时，不由自主会将两者进行比较。他记述称："西安城内的生活和运作，铺有石板的街巷、殿宇以及华美的寺庙和官署建筑，都完全仿照都城北京"，西安城墙的长度、高度和坚固程度"仅次于北京"。与德国地理学家李希霍芬相似，在西安的古董市场上，柔克义也购买了珍贵瓷器、绿宝石珠等器物收藏。柔克义认为，"西安城重要的政治和商业地位归功于其居于中心的位置。通往甘肃、四川、河南、湖北和山西的道路在此交会。渭河谷地为群山环绕，现存穿越秦岭山脉向南的两条道路，以及两条向西通往山区省份甘肃的道路也在渭河平原交会。因此自古就赋予西安城极其重要的战略和商贸地位。"在西安的转运贸易当中，毛皮交易兴旺发达，"是西北各省皮毛贸易的中心和转运枢纽。陕西成为供给整个帝国官员们朝服衬里所用貂皮和水獭皮的来源地"。这些视角独到的记述和评价对于认识19世纪后期西安的商货种类和商贸地位具有重要参考价值。

在这次考察活动完成后，柔克义在美国出版了《喇嘛之地》

一书，在西方世界产生了很大影响，其中有关西安的记述成为后来前往西安游历的诸多欧美人士的必备参考资料。

敦崇礼

敦崇礼（Moir B. Duncan，1861—1906）是19世纪后期英国浸礼会最早来陕的传教士之一，奠定了英国浸礼会在三原、西安发展的基础，还在近代陕西的女子教育、灾害赈济、科学启蒙等方面贡献颇多。

1861年8月17日，敦崇礼出生于苏格兰阿伯丁市，后毕业于格拉斯哥大学。1888年10月受英国浸礼会派遣来华传教。作为接受过英国知名学府高等教育的高才生，敦崇礼不仅具有渊博的西学知识，其汉语造诣也非同寻常。他曾在牛津大学师从理雅各（Legge）博士学习汉语，也曾在曼斯菲尔德学院师从费尔贝恩

英国浸礼会在陕资深传教士敦崇礼

（Fairbairn）博士研习神学。在作为英国浸礼会传教士来华后，他还继续个人的汉语与文学研究长达10年。

1892年，敦崇礼奉李提摩太指派，从太原赴陕西三原、西安传教，传教活动一直持续至1900年义和团运动爆发。来陕之初，敦崇礼等人在三原、西安的活动受到官民排斥，但随着他开办中西书局，售卖神学与西方科学书籍，创办学校和诊所，尤其是在三原福音村创办崇真书院（男校）和美丽书院（女校），培养接受新学的学生，开启陕西女童教育风气，逐渐与社会各阶层建立了密切的联系。他还为陕西巡抚端方设计了建设渭北灌溉渠系的方案，"从几乎被视为外国流浪汉到成为官府顾问，他成了在陕西各地有着广泛影响的人物"。

1901年，敦崇礼与美国《基督教先驱报》记者尼科尔斯在西安等地开展赈灾活动，散放美国等西方国家人士捐赠的赈款，救活了大量灾民，成为清末西方人在华赈灾的标志性事件。此举不仅扩大了英国浸礼会在陕西的影响，也把欧美的赈灾理念带入西北内陆地区。1902年，敦崇礼出任新创建的山西大学堂西斋总教习，1906年辞世。为表彰敦崇礼在教育领域所做的贡献，山西大学堂专门为其立总教习敦崇礼纪念碑。

敦崇礼在三原、西安传教前后约8年，堪称英国浸礼会在陕传教事业的奠基者。他以自身良好的教育背景、深厚的神学修养、突出的汉语学习能力，积极致力于传教区社会事业的发展，成为浸礼会传教士的典范，以及其对于近代西安城乡社会建设、文化教育、医疗卫生、慈善赈济等方面的影响，都值得给予积极评价。

尼科尔斯

尼科尔斯（Francis Henry Nichols，1869—1904），美国纽约《基督教先驱报》记者、探险家，曾于1901年赴西安赈灾，救济了大量饥民，其对古都西安的记述与介绍引起了美国各界的广泛关注。

1869年，尼科尔斯出生于纽约。1895年起，任纽约《基督教先驱报》记者。美西战争期间，他曾在古巴、波多黎各、海地和牙买加报道战事，极富冒险精神。1901年，尼科尔斯受《基督教先驱报》主编克洛普齐（Louis Klopsch）派遣，前往中国"查赈"，并散放包括美国总统麦金莱与国务卿海约翰在内的社会各界人士捐赠的赈款。10月16日，他抵达北京，在庆亲王等朝廷大员的帮助下，经直隶、山西，于11月14日抵达西安，开始调查灾情、散放赈款。

尼科尔斯先后在西安城乡地区、三原等地查看旱灾灾情和饥荒惨状，并与英国浸礼会传教士敦崇礼等一起，在城内五岳庙等处发放赈款，此举也得到了陕西地方官府的积极协助。他在灾区系统地调查了饥荒起因、饥民饿毙、儿童买卖、物价飞涨、疾疫流行、生态变化等各方面情况。尼科尔斯穿行于大街小巷、田野乡间，与包括传教士和官员在内的各行各业、形形色色的人交流访谈，获得了大量真实的信息和数据，并不断发给《纽约时报》《基督教先驱报》等西方报刊报道。这些报道使得美国和西方民众第一次真正了解到陕西饥荒以及美国赈款发放的真实情况，对于美国民众的后续捐款起到了重要推动作用。他的调查数据被上海《申报》、《纽约时报》

和《中华帝国传教调查》等中外文报刊广为征引。在赈灾间隙，尼科尔斯还对西安的名胜古迹进行了考察，如碑林、城墙、华清池温泉等。

1901年11月24日，完成查赈和散放赈款任务的尼科尔斯与敦崇礼离开西安，经蓝田、商州龙驹寨，过湖北老河口、樊城、汉口，于12月22日抵达上海，由此返回美国。

尼科尔斯

作为1901年在陕赈灾中最为活跃的西方人之一，美国记者尼科尔斯在西安的考察获得了巨大成果和广泛影响。1902年12月23日他被美国地理学会吸收为会员。1903年3月他前往华西和西藏探险，1904年12月29日因流感引发肺炎，卒于西藏江孜。

小山田淑助

小山田淑助是清代后期最早受聘来陕的日本教习，堪称陕西教育近代化进程的域外见证者与参与者。

光绪二十九年（1903），小山田淑助受三原宏道高等学堂之聘，担任该学堂教习，教授日语、图画、格致、博物、体操等多门课程，为当时三原宏道高等学堂能够与省城西安的陕西高等学堂比肩贡献颇多。

执教期间，小山田淑助对西安、三原、临潼等地的汉唐胜迹进行了多次实地考察，包括碑林、慈恩寺、灞桥、骊山、华清池等。小山田淑助在考察汉唐遗址时，思古幽情油然而生，"唐代名都长安，其繁华殷昌的盛况如今已难再追寻，往昔的宫殿楼台也只是留下了柱础，只有西安府城南门外的大雁塔巍然屹立"；他在骑马出城经过浐河时，望见浐河桥头有"辋川胜地"牌坊，会吟诵起宋人宗泽《华阴道中》的诗句"菅茅作屋几家居，云碓风帘路不纡。坡侧杏花溪畔柳，分明摩诘辋川图"；他在登上骊山，俯瞰关中山水大势之际，又顺手拈来元代诗人移剌霖"渭水都来细如线，若为流得许多愁"的佳句，充分反映出其诗赋修养之深、对中国历史沧桑感悟之细，这是赴陕游历、考察的欧美博物学家、地质学家、地理学家等自然科学工作者望尘莫及的。小山田淑助在观览胜迹的同时，也注重与社会各界的交往，他曾拜访过八仙庵的穷道士、卧龙寺的老和尚，与其喝茶谈天，听其讲述往事，感受汉唐故都的沧桑。当然，对于故老、农夫有关汉唐宫苑旧迹的传说，或者古瓦与残剑的来历，小山田淑助一方面"听他们讲述往事，不禁有沧桑之感"，另一方面却对坊间的传言持怀疑态度，认为"所谓古长安的遗迹，难得凭据"，而且"真正的古物甚少"。

此外，小山田淑助也利用温度计等持续观测西安寒暑温度变化，探察西安驻军的兵员、装备、城池守御，以及交通运输、农业生产等各方面状况，记入所撰《征尘录》一书当中，并于1904年由东京中野书店出版。

早崎梗吉

早崎梗吉，清代后期曾受聘于三原宏道高等学堂、陕西武备学堂，担任教职，是最早来陕的日本教习之一。

早崎梗吉（号天真），1897年毕业于东京美术学校绘画科，在考古、美术、摄影等领域"尤长鉴识"。光绪二十八年（1902），陕西学政沈卫为新创立的宏道高等学堂聘请了两名日本教习，即小山田淑助与早崎梗吉，教授日文、图画、格致、矿化、体操等科目。光绪三十年（1904）二月，早崎梗吉受陕西武备学堂之聘担任教习，但执教不到一年即辞职。次年（1905），早崎再度受陕西学政朱益藩延聘，重返三原宏道高等学堂，担任图画、化学、日文等课程教习。光绪三十二年（1906）初，早崎因事回国，原立合同撤销作废。陕西赴日留学生监督徐炯聘请东京高等师范学校毕业生谢花宽功来陕，接替早崎担任宏道高等学堂物理、化学、数学等科目教习。

早崎梗吉在西安执教期间，热衷于搜集和贩卖文物、古董。据1907年赴西安考察的日本东亚同文书院豫秦鄂旅行班学生记载，早崎梗吉在回国之际，曾经用八辆马车运走了搜购的唐朝石佛，后收藏在帝国博物馆，当时估价高达3万~8万日元。此事在1909年《夏声》中被记载为"宏道前某门员，石像旧物满载而归，有陈列于博物馆者，有售而获大利者"。虽然某些信息不尽一致，但可以看出以早崎梗吉为代表的日本教习群体在西安等地搜集文物的野心之大、获利之高，加剧了陕西珍贵文物的大量外流。

足立喜六

足立喜六是1906—1910年间受聘于陕西高等学堂的日本教习，在古都西安的历史、考古等研究领域具有深厚造诣，以著有《长安史迹研究》一书而较其他任职西安新式学堂的日籍教师更具知名度。

1871年8月27日，足立喜六出生于日本名古屋，1893年毕业于静冈县寻常师范学校，1894—1898年就读于东京高等师范学校理科。1898年起，先后在熊本县寻常中学校、熊本县第一中学校、茨城县土浦中学校、爱媛县师范学校、山梨县师范学校任职。1906年1月，他获聘陕西高等学堂教习，2月16日自神户港出发，3月22日抵达西安。

在陕西高等学堂执教期间，足立喜六及其夫人、子女寓居东柳巷的"东教习足立公馆"，与陕西布政使樊增祥宅邸为邻。足立公馆原为西安一富户别墅，建有一堂、二室、仆役室、厨房和马厩等，环境清幽雅致。室内地面用砖铺成，"涂丹抹碧，壁间或屏中贴嵌有汉唐名诗嘉言"，庭院中有深达50尺的清冽水井，有花有树。足立喜六十分喜爱其寓所环境，认为"是一所趣味很深的中国式优等住宅"。

足立喜六在讲授日语等课程之余，也赴关中各县踏勘古迹名胜，进行实地考察，足迹及于长安、咸宁、咸阳、三原、高陵、临潼、泾阳、鄠县、盩厔、兴平、醴泉、乾州等州县，为其后来撰著《长安史迹研究》一书打下了坚实基础。在考察西安的遗址旧迹时，足立喜六对长安的感情和感悟更深了一层："亲访其地，踏查访古，其一木一石，皆潜藏千古之色，仿佛可以看到昔日长安城的情景,使我们不禁感慨万千。"这种慨叹既与日本学者深厚的汉学渊源有关,又是其在冥想与现实沧桑变幻中的感喟。

1910年2月,足立喜六执教期满,返回日本,先后任爱知县高等女学校教谕、爱知县一宫町立高等女学校校长兼教谕等。1933年,他撰著的《长安史迹研究》由东洋文库刊行,1935年,杨鍊将其译作《长安史迹考》,由上海商务印书馆出版。此书遂成为研究古都西安历史的必备参考书目。

姜感思

姜感思(Herbert Stanley Jenkins,1874—1913)是清后期英国浸礼会派驻西安英华医院的医务传教士。他以精湛的医疗技术救治过西安及周边地区大量的病人和伤兵,对近代西安医疗卫生事业的发展影响深远。

1874年,姜感思出生于英国布里斯托尔,1893年进入布里斯托尔大学医学院学习医学,1901年获得该校医学学士学位和理学学士学位,1904年(一说1903年)5月取得伦敦大学医学博士学位,同年成为英国皇家外科医师学会会员。他先后任职于布里斯托尔综合医院、布里斯托尔儿童医院、伦敦圣马克医院、哈姆斯泰德肺病医院等医疗机构。姜感思在芒特弗农医院担任专科住院医师和病理学医师期间,撰写《肺结核治疗方案》一书并于1912年出版,在肺病防治领域具有较大影响。姜感思在英国多家医院的实践为日后在陕西从事医务传教奠定了坚实基础。

1904年底,姜感思受英国浸礼会派遣来华,开始在西安英华医院开展医疗工作,1911年回国休假。此后辛亥革命爆发,陕西新军与清军发生了激烈战斗。在陕西政局尚未完全稳定的背景下,姜感思于1912年末返回西安,与其他医务传教士连续数月诊治英华医院、秦军恤伤院收治的伤兵。终因劳累过度,感染伤寒,于1913年4月6日在西安治疗无效而去世。姜感思去世后,秦陇复汉军政府和英国浸礼会为其举办了隆重葬礼,大量官民和曾经得到姜感思救治的病人、伤员都前往参加,为其送行。1913年7月19日的《泰晤士报》《英国医学杂志》等英国报刊在报道姜感思大夫辞世消息时,称之为"中国医务界以及传教界的重大损失"。

作为医务传教士,姜感思在英华医院的工作促进了该院在西安的扎根、巩固和发展,救治了西安地区不同阶层的大

清末英国浸礼会在西安的英华医院大门

量病人和革命军伤员，培养了本土医护人员，成为联结中英医学界的桥梁之一，在西北医疗卫生事业的近代化进程中发挥了积极作用。

罗德存

罗德存（Cecil Frederick Robertson）是清后期英国浸礼会派驻西安英华医院的医务传教士，亲身经历、参与了陕西辛亥革命，救助了西安的大量病患与革命军伤员，对陕西辛亥革命的成功和近代西安医疗卫生事业的发展贡献颇巨。

1884年，罗德存出生于英国伦敦南郊的克莱汉姆。他在少年时代读书就十分刻苦，1901年进入米德尔塞克斯郡医院学习医学，并参与实习工作。罗德存在应用解剖学、生理学、应用外科手术、药理学和应用产科等科目均取得了优异成绩，获得过该医院的奖励。作为该院最优秀的毕业生之一，他获得了总督奖、自由民奖学金和布罗德里普优异奖学金。1907年，他成为皇家外科医师学会会员，获得皇家医师学会执业资格，同年5月从伦敦大学毕业，获得医学学士学位和理学学士学位。1909年起，他成为英国皇家医学院研究人员。在攻读医学期间，罗德存曾在国王学院欧文（Owen）教授指导下学习汉语。在从英国赴陕之前，他已能书写汉字。作为能够用汉字写信和开医疗处方的少数医务传教士之一，罗德存的汉语造诣为其传教与诊病工作奠定了坚实基础。

1909年10月12日，罗德存自南安普敦启程，乘船赴陕，途经意大利那不勒斯、斯里兰卡科伦坡、中国香港及上海，于12月24日抵达西安。1911年10月22日，陕西辛亥革命爆发后，罗德存应秦陇复汉军政府之邀，协助革命军在潼关组建了东线野战医院，夜以继日地救治大量受伤士兵；并协助创建了秦军恤伤院，收治在战争中受伤残疾的士兵，为他们提供疗养和谋生的条件。罗德存的医疗救护工作得到了陕西军政府和士兵们的认可与赞扬，得以获赠万民伞和"刮骨疗疾"匾额，这对于英国的医务传教士群体而言都是十分崇高的荣誉。

1913年，罗德存在繁重、艰苦的医疗工作环境下，感染了伤寒，于3月16日在西安去世。陕西都督张凤翙出席了罗德存的葬礼，并致辞褒扬了他的奉献与工作。1913年4月26日，《北华捷报》以《西安府的损失——姜感思与罗德存两位大夫去世》为题，记述了两位医务传教士的经历与贡献，称"两位大夫不仅医术精湛，而且具备使中国人民接受其宣

1911年辛亥革命后陕西都督张凤翙（第二排居中）与英国浸礼会传教士参加秦军恤伤院成立典礼（第二排左起第二人为祈仰德、第四位为荣安居大夫、第六位为邵涤源、第八位为罗德存大夫）

教的本领，在打破东西方藩篱方面表现突出"。为了纪念姜感思、罗德存两位大夫，英国浸礼会将英华医院改名为姜感思—罗德存纪念医院。

姜感思与罗德存作为英国浸礼会杰出的医务传教士，虽然主观上具有传教的目的，但在客观上救治了西安及周边地区的大量病患和辛亥革命中的伤员，功不可没，并最终长眠于这块他们为之奉献的土地上，在近代西安的对外交流史上留下了浓墨重彩的一笔。

荣安居

荣安居（Andrew Young，1869—1922），清代后期至民国前期英国浸礼会派驻陕西的资深医务传教士，亲历、参加过 1911 年陕西辛亥革命，对英国浸礼会在陕西的发展和近代西安医疗面貌的改观做出了重要贡献。

与姜感思和罗德存曾求学于英国医学专门院校不同的是，荣安居起初是在非洲刚果的医务传教工作实践中逐步提高了医疗技术。1905 年 10 月，他作为英国浸礼会医务传教士，从英国启程来华，途经苏伊士运河、新加坡和中国香港，于圣诞节前抵达西安。3 个月后，荣安居与夏洛特（Charlotte Murdoch）订婚。在西安英华医院工作之初，荣安居夫妇住在东关城的浸礼会大院，每天骑马进城诊治病人，接触到了大量陕西病例，积累了丰富的诊疗经验，也提高了汉语水平。

1911 年 10 月 22 日，陕西辛亥革命爆发后，与罗德存一

荣安居

样，荣安居积极参与了救治革命军伤员的医疗工作。他应秦陇复汉军政府之邀，赴乾州等地建立西线野战医院，将伤员运回英华医院进行复杂手术。荣安居等人的医疗救护对于稳定陕西革命军军心，提振军队士气具有潜在影响，为陕西辛亥革命的成功做出了重要贡献。民国前期，荣安居夫妇仍然坚守在西安、三原等地的英国浸礼会医院、诊所从事繁忙的医务工作，促进了英国浸礼会关中传教区的发展与巩固。1920年11月27日，北洋政府大总统徐世昌颁令授予荣安居四等嘉禾勋章，以示对其长期在陕救死扶伤活动的褒奖，这代表着中央与地方政府对医务传教士这一群体社会角色与贡献的认可。

1922年4月29日，荣安居在西安去世。西安的众多基督徒和各界民众前往参加葬礼，悼念这位"陕西的荣大夫"，其情其景与罗德存、姜感思去世时的葬礼场景一样感人至深。1924年，英国浸礼会传教士祈仰德在伦敦出版了《陕西的荣安居》一书，生动记述了荣安居作为医务传教士的传奇人生。

何乐模

何乐模（Frits von Holm，1881—1930），丹麦探险家，以1907年前往西安仿刻《大秦景教流行中国碑》（简称"景教碑"），并运往美国而知名。他也因此成为清代后期西安对外交流史上最为引人瞩目的人士之一。

何乐模于1881年6月23日出生于丹麦首都哥本哈根的外交官家庭，1895—1900年加入丹麦皇家海军，1901年赴上海任职于英美烟草公司，并任《伦敦论坛报》驻华记者。1904—1905年赴日本任《横滨每日广告报》记者。1905年返欧后，在英国任新闻记者。他在上海工作期间，就已对西安的景教碑产生了浓厚兴趣。

景教碑是唐代来华的基督教聂斯脱利派传教士以中文和叙利亚文两种文字镌刻的珍贵碑石，号称"世界四大名碑"之一，记录了景教在唐代传播的盛况，素为西方基督教界和学界所珍视。该碑在唐武宗灭佛时期被埋于地下，至明天启五年（1625）在西安城西关外（一说为盩厔大秦寺）出土，重见天日，矗立于崇仁寺院内。清代后期，欧洲学者和基督教会已充分认识到该碑的重要性，但清廷和陕西官府对该碑保护不力。在此背景下，曾有过在华担任记者经历的何乐模计划将景教碑原碑或仿刻碑运回欧洲保存。

1907年，他从英国伦敦出发，经丹麦哥本哈根、美国纽约、加拿大温哥华、日本等地，从天津入境，前往西安。何乐模通过崇仁寺住持玉秀和尚租赁了该寺的屋宇，雇用了4名石匠，又从富平采购了与景教碑原石同大同质的石材，仿刻了

一通景教碑。1907年10月，何乐模将仿刻碑运往纽约，在大都会艺术博物馆展出。在此期间，何乐模向13个国家的博物馆、大学等机构赠送了用石膏铸造的模造碑。1916年，该碑被赠予教皇，存放于罗马拉特兰博物馆。1923年，何乐模在伦敦出版了《我为景教碑在中国的历险》一书，详细记述了他仿刻景教碑的来龙去脉。

何乐模捐赠给耶鲁大学的仿刻碑

1907—1908年丹麦探险家何乐模前往西安仿刻景教碑、运往纽约的事件，是近代西安中西交流史和基督教史上的大事之一。一方面，何乐模仿刻景教碑的举动直接促进了陕西官府于1907年10月将被冷落多年的景教碑原碑移入碑林妥加保护；另一方面，何乐模就获取仿刻景教碑的过程在欧美各地发表了大量演讲，刊行了相关论著，还将模造碑分送多个国家，这些活动极大促进了《大秦景教流行中国碑》在世界范围内的影响，也将清末西安、陕西和西北内陆的情况介绍给了西方民众。

桑原骘藏

桑原骘藏（1871—1931）是近代日本东洋史学的开创者之一、京都学派巨擘，曾于1907年与宇野哲人在西安进行考察，并撰著有《考史游记》。

1870年，桑原出生于日本福井县，后毕业于东京帝国大学（现东京大学）文科大学汉学科。1898年任第三高等学校教授，翌年任东京高等师范学校教授。1907—1909年，作为文部省留学生来华留学。

1907年9月至10月间，已具有相当汉学功力的桑原骘藏、宇野哲人从北京前往西安，在关中进行了约20天的考察。由于考察任务明确、汉学功底深厚，因而两人此行收获很大。其足迹遍及西安城乡及咸阳、兴平、醴泉、临潼、渭南、华阴等地，考察胜迹众多，包括左文襄公祠、董仲舒墓、冯恭定公（从吾）祠、碑林、满城、张横渠祠、开元寺、金胜寺、洪福寺、清真寺、华塔寺、慈恩寺、荐福寺、兴善寺、未央宫、大明宫、明代秦藩陵墓、秦二世陵、曲江、杜陵、咸阳毕原诸陵、茂陵、贵妃墓、乾陵、昭陵、秦始皇陵、骊山等。

1907年桑原骘藏与宇野哲人考察唐大明宫旧址

桑原与宇野在西安驻留期间，也与当时各新式学堂的日本教习多有往来，获得了不少重要信息。如1907年9月20日，教习森孙一郎、田中久藏陪同他们参观了西安府文庙和碑林。碑林所藏碑石丰富，精品众多，两人抚其碑面，有"低徊不忍离去"之感。10月初，桑原骘藏又从日本教习那里听说了丹麦探险家何乐模仿刻景教碑一事，并目睹了景教碑原碑被官府运往碑林保护。

1909年，桑原在华留学结束，归国后任京都帝国大学文科大学教授。1910年，取得文学博士学位。1930年退休，1931年获京都帝国大学名誉教授。同年5月24日去世。

桑原骘藏是清代后期到访过西安的最知名的日本东洋史学家之一，他有关西安考察的记述与宇野哲人所撰的《长安纪行》，均是研究晚清西安文物胜迹与区域社会状况的重要参考资料。

克拉克考察队

1908—1909年，由美国探险家克拉克（Robert Sterling Clark）组建的考察队在黄土高原地区进行了一次长距离、大范围的综合科学考察，涉及山西、陕西和甘肃三省，其中西安是该考察队的重要调查区域。

1908年，美国胜家（Singer）缝纫机公司产业继承人、退役军人、探险家克拉克筹划、出资、组建了一支考察队，旨在前往华北、西北等地进行综合科学考察，尤其注重生物学、气象学、地理学等自然科学领域。7名成员来自美国、英国和印度，具有地图测绘、标本采集、气象观测、地质勘查等专业背景和经验。如英籍队员苏柯仁是英国浸礼会传教士苏道味之子，生于太原，熟悉晋、陕等地情况，精通汉语，在加入克拉克考察队之前，刚参加完由美国动物学家安德森率领的贝德福德伯爵考察队在华北的踏勘。

美国探险家克拉克

1908年9月28日，考察队从太原出发。1909年2月5日，克拉克和苏柯仁等队员抵达西安，一直驻留至5月6日，为期长达3个月。他们在渭河河滨和秦岭北麓采集了丰富的动物标本，发现了朱鹮和扭角羚的踪迹；利用5英寸测微经纬仪等仪表，以鼓楼基座中心点为基准，测定了西安的经纬度；又用便携式水银气压计、沸点温度计、小型干湿球湿度计等当时最新的仪器逐日记录了西安的气压、气温、干湿度等数据，是迄今所见最早的采用现代科学仪器观测的西安地区气象数据。驻留西安期间，克拉克考察队还对西安的城市格局、街巷、市场、物价，以及碑林中的著名碑刻如《禹迹图》《达摩像碑》《大秦景教流行中国碑》与大小雁塔、临潼华清池、渭河南北的帝王陵墓等名胜古迹进行了实地考察，并拍摄了一系列照片。1909年7月，克拉克考察队返回北京时，再度经过西安，得以对相关数据进行复核。

1908—1909年，美国克拉克考察队在黄土高原地区的

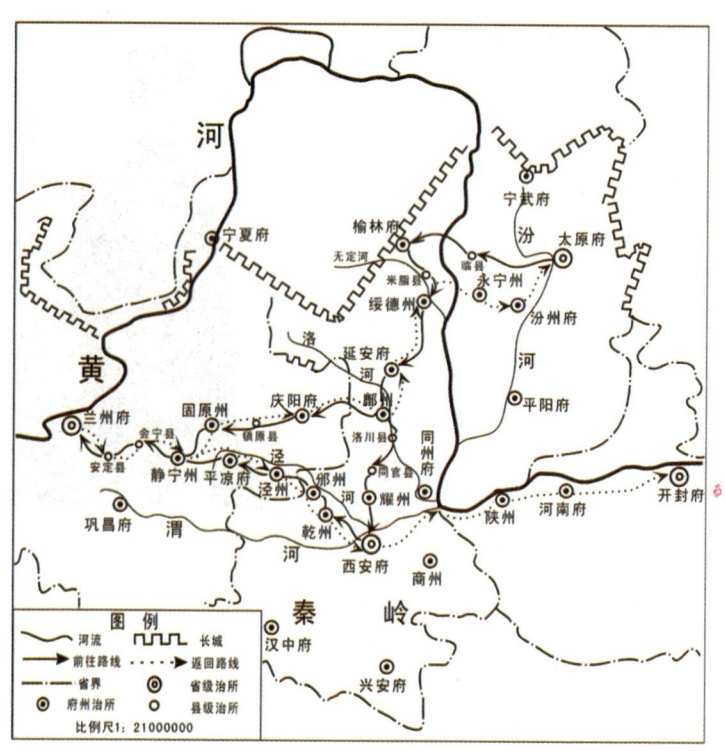

克拉克考察队行经路线示意图

山西、陕西和甘肃进行的综合性自然科学考察，是近代西方人对黄土高原多领域调查的代表性活动。由于考察队往返均经过西安，又在渭河沿岸、临潼、秦岭北麓等地进行了多项调查，因而也可视为近代西方探险家、科考队在西安进行综合科学考察的缩影。

后记

从古都到重镇,从过去到现在,西安都是一座值得大书特书的城市。就此而言,"大城小史"是个新颖而矛盾的命题。无论是在汉唐都城时代,还是在西北重镇时代,西安都是一座"大城"。"大"的城市特征,既体现在鲜有其比的城池与人口规模上,也反映在无远弗届的国际性影响方面。这样一座"大城"的厚重内容,要在篇幅有限的"小史"中重点呈现,取舍极难,尤其是对于有着大量文献支撑、内容丰富、处于从封建时代后期向近代转型阶段的明清西安城而言,更是如此。

笔者自1997年进入陕西师范大学中国历史地理研究所攻读硕士学位起,就以明清西安城为研究对象。此后在2000年—2003年于北京大学历史地理研究所攻读博士期间,继续从事明清西安城市地理的研究。2003年进入陕西师范大学西北历史环境与经济社会发展研究院从事科研工作以来,则在进一步探究西安城市历史地理、城市史的基础上,对近代西方人在西安的活动及其影响进行研究,以期在东西方交流的大背景下来审视和分析西安城的发展变迁。通过这一视角,能够将清代后期西安的发展变化置于近代国际交流大格局中进行探讨,展现出西安对外交流延绵不绝的特点。这也是本书区别于其他有关陕西、西安的通史或断代史最为鲜明之处。

虽然有关明清西安城值得书写和介绍的内容极为丰富,但限于本书篇幅和表现形式,笔者从中精选了74个条目,归为八大类撰写，即城池坊里、军政机构、水陆交通、胜迹园林、文化教育、宗教信仰、商业贸易、对外交流。选取这些内容，一方面旨在充分展现封建时代西安城的建设成就、形态变迁、城市景观以及文化、宗教、商贸等领域的发展；另一方面着力突出清代后期西安城向近代化转型阶段的巨大变化，尤其是文化教育领域中各类新式学堂的创办，使得古都西安焕发出了新的活力。在本书最后一部分"对外交流"一节中，笔者从近代往来、驻留西安的800余位各类域外人士中，选取了来自德国、英国、美国、日本、丹麦的12人以及1支考察队进行介绍。从职业、主旨、活动内容等方面看，他们均具有很强的代表性、典型性，但由于数量偏少，并不足以全面反映清代后期西安的对外交流面貌。值得指出的是，正是有赖于大量域外人士作为桥梁和纽带，清代后期的西安才得以与世界不同国家和地区产生了重要的关联，成为东西方交流大格局中的枢纽城市之一。

感谢丛书主编杜文玉先生的细致审阅和编辑乔文华女士的精心编校，感谢陕西师范大学西北历史环境与经济社会发展研究院硕士研究生魏欣宝、孟超祥、邓旭等同学协助校对。

笔者衷心希望这册《西安小史·明清西安城》能够成为读者了解明清西安面貌和发展的一扇窗口。毫无疑问，明清西安的发展变迁迄今仍有众多值得深入探讨或悬而未决的问题，笔者今后将继续探索，为西安城市史、对外交流史的深化和拓展添砖加瓦。

史红帅

2017年10月26日

古都西安明德门